认知破坏

苹果的颠覆性
创新法则

［日］河南顺一 —— 著

江涛 —— 译

THINK
DISRUPTION

アップルで学んだ
「破壊的イノベーション」の再現性

浙江人民出版社

图书在版编目（CIP）数据

认知破坏：苹果的颠覆性创新法则 /（日）河南顺
一著；江涛译 . — 杭州：浙江人民出版社，2021.10
　　ISBN 978-7-213-10234-9

　Ⅰ.①认…　Ⅱ.①河…②江…　Ⅲ.①电子计算
机工业－工业企业管理－经验－美国　Ⅳ.① F471.266

中国版本图书馆 CIP 数据核字（2021）第 142982 号

THINK DISRUPTION
APPLE DE MANANDA「HAKAITEKI INNOVATION」NO SAIGENSEI
© Junichi Kawaminami 2020
First published in Japan in 2020 by KADOKAWA CORPORATION, Tokyo. Simplified
Chinese translation rights arranged with KADOKAWA CORPORATION, Tokyo through
Hanhe International(HK) Co.,Ltd.

认知破坏：苹果的颠覆性创新法则

[日] 河南顺一　著　　江　涛　译

出版发行：浙江人民出版社（杭州市体育场路347号　邮编　310006）
　　　　　市场部电话：(0571) 85061682　85176516
责任编辑：潘海林
策划编辑：张锡鹏
营销编辑：陈雯怡　赵　娜　陈芊如
责任校对：何培玉
责任印务：刘彭年
封面设计：济南新艺书文化有限公司
电脑制版：北京弘文励志文化传播有限公司
印　　刷：杭州丰源印刷有限公司
开　　本：880毫米×1230毫米　1/32　　印　　张：7
字　　数：106千字　　　　　　　　　　插　　页：1
版　　次：2021年10月第1版　　　　　印　　次：2021年10月第1次印刷
书　　号：ISBN 978-7-213-10234-9
定　　价：58.00元

如发现印装质量问题，影响阅读，请与市场部联系调换。

破坏宣言

不要只做有把握的事

我也知道谁都不想犯错

讨论有把握的事让人更自信

在会议中也更易于被人接受

做有把握的事能平息急躁的心情

也不会让自己难受到胃痛

做有把握的事能得到全员的一致赞同

做事有把握，就更容易万事顺意

但是不能因为万事顺意就沾沾自喜

不可以这样做事

不能只做有把握的事

这是应该避免的大忌

那该怎么做？

难道要做不靠谱的事吗？

当然不是

要去做需要勇气的事

这样做也许会让你难以入睡

也许会让你看不清前行的方向

也许在一瞬间，会让你觉得愚蠢糊涂

但你要明白这是一种天才的灵光乍现

必须要这样去做

要去追求

不能使之错过

要做有破坏性的事

逆向触拨周围人的神经

这并非是对现状的反抗

而是要将它重新塑造，使其永远传承

你可以做到

你有这个潜力

做不做有把握的事，是你的选择

做不做有破坏性的事，也是你的选择

但请记住，一定要做需要鼓起勇气的事

前 言

起初神创造天地。

地是空虚混沌；渊面黑暗；神的灵运行在水面上。

神说，要有光，就有了光。

神看光是好的，就把光暗分开了。

神称光为昼，称暗为夜；有晚上，有早晨，这是头一日。

——出自《旧约圣约·创世纪》

疯狂中潜藏的创新

1976 年 4 月，史蒂夫·乔布斯和史蒂夫·沃兹尼亚克在美国加利福尼亚州的一间小小的车库里创立了苹果电脑公司。他们在那里开发了苹果电脑的第一台原型机，为未来不甚明朗的计算机界投下了一束光。

到那时为止的计算机都被磁带装置簇拥着保护在电

算室里，不允许普通人近距离接触它们。为了保护它们的CPU（中央处理器，Central Processing Unit）免受发热造成的损害，数名操作员在有制冷功能的房间里维护它们，程序员使用 FORTRAN 语言（公式翻译语言）和 COBOL语言（面向商业的通用语言）来运行它们。

这两位史蒂夫使计算机变为用户能够在桌子上自由操作的存在，也让计算机成为扩大人类知识领域和创造性的手边工具。

在创业 40 多年后的 2018 年 8 月，苹果成为第一家市值总额达到 1 万亿美元的美国企业。从 1980 年上市开始计算，其股价增长率是 500%。苹果的创新不只在 iMac、iTunes、iPod、iPhone 等产品上，它还体现在包括通信、物流及与之相关的产业引起的巨大变革，同时将这种影响力渗透到我们日常的生活和工作中。它还改变了我们的生活方式和沟通形态，激发出了人们极具创造性的能力。

乔布斯时常在心中期望可以通过科技和人类之间的无缝对接来创造一个使人类能力得到无限扩展的世界，从而带来能够在宇宙中留下痕迹的创新。而这些理想，现在都成了现实。

然而，20 多年前的苹果别说在宇宙中留下痕迹了，当时连它的存在都几乎要被抹去了，那时每天在报纸上都可以看到"苹果要被收购"这样的话题。

　　当时的苹果电脑公司CEO（首席执行官，Chief Executive Officer）是作为企业再造专家而声名远播的吉尔·阿梅里奥。他在1996年2月就任苹果电脑公司CEO后筹划重建苹果，但他发现这里存在的问题比想象的要严重得多。

　　阿梅里奥的前任CEO迈克尔·斯平得勒被赋予的使命是变卖苹果电脑公司，他与IBM、微软等公司进行了交涉但并未成功，随后便失去了苹果电脑公司CEO的职位。

　　阿梅里奥想要重建苹果电脑公司，但在摸索具体策略的过程中，苹果的经营状态每况愈下，最后已经到了让买方无法入手的地步。

　　让处于这种濒死状态的苹果从谷底一路攀升，最终一跃成为推动全世界创新浪潮企业的开端就是，1997年乔布斯的回归以及他所主导的"非同凡想"（Think Different）的品牌宣传。

　　人们认为这个宣传理念是十分疯狂的，但它却鼓舞了拥有这种信念的人在前行道路上不断地突飞猛进。他们用思想来影响他人，努力改变每一个人，世界也因此发生着戏剧性的改变，这就是"创新的本质"。

与此同时，在这个宣传活动中，出现了"通过科技来扩展创新者们的创造性和能力是苹果的使命"这样的宣言。

试图扼杀天才的凡人们

乔布斯在 1985 年被斯平得勒的前任 CEO 约翰·斯卡利从苹果驱逐之后，曾作为 NeXT 计算机公司和皮克斯公司的经营者活跃于业界。1997 年 3 月，乔布斯收到阿梅里奥的邀约以非常职顾问的形式回归苹果，同年 9 月就任苹果电脑公司临时 CEO。

乔布斯对苹果电脑公司改革的范围涉及事业战略、组织、产品群、品牌形象、市场、销售渠道等方方面面，这是必须为之的，因为在他就任临时 CEO 时，苹果的赤字已经达到了 10.4 亿美元，如果不加速改革，苹果就会陷入数周都没有现金流入的危急状态中。

当时我已经在苹果工作了 6 年，在苹果电脑公司日本分公司中负责管理一个市场营销传播的部门。在斯卡利、斯平得勒、阿梅里奥等 CEO 一个接一个的更换中，我体验到了未来不知何去何从的迷茫。

在这种状况下，我在 1997 年夏末与"非同凡想"宣传活动搭上了关系。世界各主要地区的市场负责人汇聚加利福尼亚州库比蒂诺的苹果总部，在那里参加新品牌宣传的事前准备会议。虽然当时从各国来的市场负责人首次看到了"非同凡想"的广告片，但谁也没有想到这将给苹果带来怎样的未来。

这条广告片是黑白的，大致的内容是让那些改变了世界被称为"天才"的伟人们在广告片中悉数登场。苹果的标志直到最后 3 秒才露面，而其核心产品和技术一概没有出现。在苹果标志出现后，"Think different"的主题口号随即出现，然后广告片突然就结束了。

在疑问解答环节，从英国来的市场负责人最先举起了手，然后问道："宣传语的语法是错的，动词后面接形容词，这不会有问题吗？正确的应该是接副词，Think differently 才对吧？"

当时我对这个提问十分认同，然后也举起了手说："在广告片里登场的伟人中有苹果的用户吗？很多人都已经去世了。若广告片里全是这些与苹果基本没有什么因缘的人的话，能不能引起观众的共鸣呢？"

现在想起来，我们两个真是作了非常外行的发言。

作为突破性创新者的觉悟

"非同凡想"后来成为获得了艾美奖最佳广告、艾菲奖等多个奖项的传奇广告，但当时局限于"常识"的市场负责人们，花了很长时间才理解乔布斯这种全新做法的意义以及他在广告片中呈现的独特的感性。

苹果电脑公司日本分公司的其他员工也同样不能理解，他们觉得对产品没有诉求的品牌广告不可能对销售额有任何帮助。而且在苹果业绩还没有恢复的状况下，花费巨额的广告费对公司利益再次挤压到底是作何考虑？销售部门对此的负面反应尤其大。这种不理解的情绪在其他国家的分公司也同样出现了，各国的市场负责人也只能以"这是乔布斯的指示"来搪塞。

但是，"非同凡想"的宣传从结果上来看取得了两个巨大的成功。

第一个成功当然是苹果的品牌价值得到了奇迹般的提升。濒临破产的苹果以此为契机推出了全新的发展路线，上演了一场起死回生的复活剧，并支撑其成为世界顶级企业。1998 年的 iMac、2001 年的 iPod、2007 年的 iPhone 等产品实现热卖的原因，无疑是通过这次宣传而得到巩固的"新生苹果的品牌形象"。

第二个成功在于，通过此次宣传所传递出来的信息以及乔布斯推进的企业内部大改革，使苹果员工本身的思维方式也产生了巨大的变化。也就是说，苹果重新找回了"无论评价如何，自己始终是创新者，是进行破坏性创造的突破性创新者"的信念。他们再次拥有了为了让世界变得更好而不拘泥于常识的限制去挑战的勇气。

对已经过 20 多年创业的苹果来说，这次已经不算是重启了。从创业初期就在苹果工作的老人们已基本不在，在这种情况下所打出的"非同凡想"宣传，其实也是一种对苹果回归初心的高调宣布。

"非同凡想"的思维设定

从"非同凡想"宣传实施到现在已经过去了 20 多年，可能有人会想："现在还要这么讲吗？"

2017 年夏天，借着"非同凡想"概念的设计者——原 Chiat/Day 的创意总监肯·西格尔莅临日本的机会，当时的广告团队（苹果员工和广告代理商）举办了一场聚会，大家欢谈着曾经体验过的令人难忘的疯狂经历，共同庆祝各自走来的这 20 年。

当时的参加者共同得出的一个结论是：在将"非同凡想"宣传中包含的哲学付诸实际而取得的业绩里面，蕴含着超越了时代的普适性信息，至今仍有很多可以学习的地方。比起"很多"这个词，用"时代终于追赶上了这个思想"来表达可能更贴切。

众所周知，没有比现在更重视突破性创新的时代了。现在正是 AI（人工智能，Artificial Intelligence）、IoT（物联网，Internet of Things）、AR（增强现实，Augmented Reality）、量子计算机等新兴科技崛起的历史性转换期，不选择变革就意味着衰退。

同时，在突破性创新的过程中有一个残酷的真理，那就是在这个过程中无法避开痛苦，而且在这个突破性创新的时代里，无论在哪儿都不会挂着已经成熟的果实，也没有"正确答案"可以寻找。

去书店寻找答案的话你会发现，以引发创新或加强设计思考为目的的启发类书籍，很多都被归类为"组织架构"等。那是不是说"非同凡想"已经过时了？当然不是。因为原本乔布斯所带领的苹果在进行破坏性创新的时候，就

没有用到组织架构，他们依靠的是乔布斯天才的预见性和
"非同凡想"所体现出的思维设定。

　　致疯狂的人。他们特立独行。他们桀骜不驯。他们
惹是生非。他们格格不入。他们用与众不同的眼光看待事
物。他们不喜欢墨守成规。他们也不愿安于现状。你可以
认同他们，反对他们，颂扬或是诋毁他们。但唯独不能漠
视他们。因为他们改变了寻常事物。他们推动人类向前
迈进。或许他们是别人眼里的疯子，但他们却是我们眼中
的天才。因为只有那些疯狂到以为自己能够改变世界的
人……才能真正改变世界。

（"非同凡想"广告词摘录）

　　"非同凡想"所点燃的思想火种，在带来巨大冲击的
同时也向全世界释放出了它的光芒。在苹果成功后，它持
续引领创新型企业不断成长，但到今天，不了解"非同凡
想"曾经处在苹果重生原点的年轻一代却在不断增加。勉
强算是当事人参与到苹果重生过程中的我，是不会让"非
同凡想"绽放出的光芒和灵感就这样消失的，我越来越觉
得，应该把它作为乔布斯为我们留下的思维方法记录下来。

想要突破创新必须认清的三个理论

每次提及"非同凡想"的话题时，很多人都会对它传递的信息产生强烈的共鸣，时常感叹"非同凡想"中展现出的正途，使那些失去方向的人们（包括苹果员工）得到了指引，使苹果重生并引发了更多的创新，也使得被闭塞感压制的业界和社会重新运转。

当然也有觉得"非同凡想"所展示的信息是与自己属于不同次元而保持距离去审视的人。他们认为，"非同凡想"的创新是因为苹果公司里有一个叫乔布斯的天才，因为苹果是世界上为数不多的顶级科技公司所以才能实现，我不是乔布斯，所以我的公司也不可能成为苹果那种顶级的公司，而且现在和"非同凡想"影响苹果和世界时的大环境也不一样。

这种想法有一定的道理。苹果的破坏性创新的确是因为有乔布斯和苹果这两个重要的因素才实现的，但这其中存在着三个需要厘清的理论。

理论一 突破性创新只有顶级科技公司才能做到

虽然苹果现在的确是一家顶级科技公司，但在实现"非同凡想"的创新时，苹果却是一家濒临破产、品牌价值一落千丈的悲惨企业。从"非同凡想"所带来的价值观中，可以学到不管是产品、公司、组织还是个人都可以用作参考来进行革新的思考方法。

理论二 "非同凡想"是一种过时的观点

"非同凡想"的推广活动虽然发生在很久之前，但它其中包含着只有在如今的破坏性创新时代中才具有实效性的思想和策略。正是在今天，对于我们这些摸索破坏性创新的构成和解决方法的人来说，比如在创造企业价值的过程中使用的设计思考性研究，或者在彻底清查出问题后进行"破坏和重建"的企业文化等，有着太多类似的可以用于参考的思想。

理论三 创新是因为有乔布斯才得以实现的

苹果是因为一个叫乔布斯的天才的领导才重生，这的确是事实。但是，破坏性创新和优秀企业的基础搭建，并不是全部都由乔布斯一个人来计划并实现的，苹果在重生的过程中实际上遭受过很多次失败。甚至在提案阶段被乔布斯本人驳回，但经过曲折的讨论最终又被采纳而结出硕果的创新也不在少数。使苹果品牌及其商业模式得到革新的"非同凡想"和 iMac 项目正是如此。

变革是十分必要的，谁都可以提出推动创新的想法，但要将其转换到计划、思考、行动上却十分不易。为了实现创新，有一些企业导入已构筑好的理论或组织架构，也有启用咨询公司来制订改革战略和计划的。这样做的话，有个别企业或许可以取得一定的成果，但大多数企业即使实施了小的改革，也难以达到像苹果一样改变世界的程度。无论这种革新性的战略或计划多么出众，如果不执行的话，都不过是在画饼充饥。

破坏性创新的原动力

原本所谓的创新，就是创造革新某种东西的结果，或者在其过程中产生的东西，它本身并不是目的。创新是从组织中每个人的想法开始的，然后通过人与人之间的信念和行动得到精炼和扩展。"个人"不仅指员工，也包括商业伙伴。在苹果的创新中，广告代理商、销售商、供应商中的任何一个人都看作同一个团队的成员，这样才能使破坏性创新得以成形。在苹果的创新中，开发应用程序、配套设备以及附件的编程者们也承担了极其重要的责任。

破坏性创新如果只是一味地破坏的话也是不对的，

更重要的是这个创新性理念要在团队中达成共识。在创新中，每个人都曾有过彷徨、恐惧或抵抗，但最后的目的是要在团队中对一个观点产生共鸣，并在信任中共同向前迈进。在这个过程中，四处碰壁、经历挫折都是在所难免的。

近年来，"意识创造"理论作为论述如何实现创新的概念而备受瞩目。正如它的字面意思一样，这是让从业者和企业的利益相关方接受经营者所抱有的规划和策略来统一创新步伐的方法。

诚然，为了能切实地按照这种方法实施，的确有必要让全体员工和企业的利益相关方接受与以往完全不同的想法和策略来达成共识，这是非常合理的。

只是，说到"非同凡想"的破坏性创新，所谓合乎常理的事情却一个也没有发生。原本乔布斯对"意识创造"这种想法就完全没兴趣，他认为如果把创新的速度降到连周围人都能理解的水平，那就已经丧失了创新的意义。所以他并没有在让大众易于接受上费心思，而是选择义无反顾地向前推进。

看准了前进方向的乔布斯，眼里没有阴霾。在将一个个创新连接统合后，协同作用就产生了。乔布斯的破坏性创新与其说是化为冲击波横扫了世界，倒不如说像是吞没了光的黑洞，正如他最喜欢用的"在宇宙中留下痕迹"这个句子所说的那样。

终极的偏执狂

这个吞没一切的破坏性创新的核心是什么？

我们可以从各种角度去探寻结论，但最后指向的，都是使人类无限的创造性通过科技得到扩展的"强迫观念（insane）"。

我所理解的强迫观念就是指"终极的偏执狂"。

这很难用言语来表达，我们姑且将其描述成一种"成为某件事的俘虏，不管醒着还是睡着"，在头脑里都对其挥之不去的一种状态吧。

对于 1984 年问世的 Macintosh，乔布斯用"Insanely great"（让人发疯的、了不起的、最高水平的）这样的修饰语来形容，强迫观念就是这个词的名词形式。大家可以将它理解为"终级的偏执狂制造了可以在宇宙中留下痕迹的、让人发疯的、了不起的、最高水平的东西"的意思。

强迫观念一旦萌芽，就会确信对象物是有意义的，会对它喜欢得坐立不安，然后会将它与推动人类前进进而改变世界的正道相连，从中找到快乐并倾注自己的才能和心血。乔布斯在斯坦福大学的毕业典礼上曾明确讲到，驱使他不断前进的唯一动力就是他热爱自己所做的事情。乔布斯正是被这种强迫观念驱使着，为制造"最高水平的东西"而奉献了他的一生。

强迫观念是那些被乔布斯的创新精神所感染的人们共有的特质。计划并付诸实施的创意，在遇到抵抗或遭到拒绝后，要在进行深入思考后重新提案。强迫观念会让人奋勇前进，它能推倒挡在前行道路上的高墙。

从强迫观念中诞生的创新，在苹果这种科技公司之外的地方也可以看到，日本金属舞蹈组合与流行金属乐队"BABY METAL"就是一个非常有特点的例子。

由日本年轻女性组成的"BABY METAL"以清澈的嗓音和富有冲击力的舞蹈，与由 4 人组成的乐队高度娴熟的演奏相融合，用其表演的新世代音乐不断给观众带来具有破坏性的冲击。囿于老式音乐概念和风格的音乐爱好者们所筑起的心墙在一瞬间被击溃，她们的影响力以非常快的速度扩散，引发并推动了日本音乐界的巨大变革。

"非同凡想"虽然是 20 多年前推出的广告，但正是在这 20 年里，互联网实现了大众化的普及，借助科技从根本上改变经济和社会的破坏性创新也在不断产生。在我们处理破坏性创新的课题时，蕴含"非同凡想"的思考方法，就像引领方向的北极星显得更加光彩夺目。

接下来我会对苹果是如何通过推行"非同凡想"来实施破坏性创新进行具体的阐释。同时，也会尽可能用通俗的语言给大家讲述迄今为止我所学到的、实践过的破坏性创新者的思考方法，请大家继续阅读。

C 目 录
CATALOGUE

第 **1** 章

为了创造而破坏

创新必然伴随着痛苦

破坏性创新的第一步就是丢掉"遗留"。所谓"遗留"就是指前人构筑的物理性、精神性的遗产，在企业活动中对应的就是"业界习惯""组织习惯""商业模式"等这些落后的"资产"。

在回归濒临破产的苹果后，乔布斯首先推行的举措就是丢掉"遗留"。那是一场与其用"大刀阔斧"，倒不如用"推土机一扫而空"来形容得更贴切的大胆改革，新生苹果的创造进程就从那一刻的"破坏"开始了。

乔布斯首先保留了计算机和 OS（操作系统，Operation System）这种核心产业，舍弃了除此之外的事业部和产品群。苹果曾经是一家涉及打印机、服务器、显示器、数码相机、应用程序等计算机相关产品业务的制造商，但这些领域都被他果断舍弃了。

在此过程中，苹果工作人员的数量也被大幅缩减，有

15000 名员工被临时解雇。当时的事态十分异常，我接二连三地收到总部各部门共事过的同事的离别邮件。对于那些同舟共济而且已经建立了很深感情的同事们，我虽然舍不得，但是也得给他们提供办理离职手续的文件。

这个时候，苹果内部到处都是流泪的员工、激动的员工、胆怯不安的员工……由于裁员不断推进，苹果的前途未卜，大家都被一种沉痛的气氛所包围，每个人脸上都是一副呆滞的表情。打算留下的人被周围人告诫说："留在这么悲惨的公司是一个大错特错的选择。"

作为苹果核心的计算机产业也进行了大规模的调整。当时仅个人计算机的产品线就有 11 条，甚至还有相同规格的计算机在不同的销售渠道被更名销售的情况，当时的苹果处在一种连内部员工都不知道哪种机型该对应何种销售方式的状况。于是乔布斯收缩了苹果计算机的产品线，只留下了台式计算机、手提式计算机、面向专业用户的计算机和面向普通消费者的计算机这 4 条产品线，之后又做出了从因积压大量不良库存而无法运营的消费者市场中暂时退出的决定。

当时苹果把所有资源都集中到了面向专业用户的 Macintosh 的开发和销售上，其他正在进行的项目大多被中止，特别是人们抱有很大期待、被称为 PDA（掌上电脑，Personal Digital Assistant）的手持型设备 Newton，它的叫停，使苹果面临着了来自内外部很大的冲击。

给创新产品的开发进程踩刹车是一项非常需要勇气的决定。但是，割舍一大半的产业，通过 iMac 实现对商业模式的根本性改变，也为苹果未来的长远发展和在其跌入谷底的计算机市场后的重生打下了坚实的基础。

当然，在改革中要有受伤的思想准备。如果改变的过程中没有伴随痛苦的话，那就有必要怀疑这其中是否隐藏着妥协的思想了。在考虑改革过程中会不会失去什么之前，首先要以实现"最高水平的产品"为前进目标。

这里需要提出一点，作为苹果大刀阔斧改革的一环，当时在苹果电脑公司担任全球消费者市场常务主席的原田泳幸先生作为日本分公司的法人归来上任。我在原田先生的麾下，负责苹果电脑公司在日本市场的市场营销与传播工作。

打破"遗留"

乔布斯回归后也对苹果的组织结构进行了大幅改革，

其中最有代表性的就是市场团队的体制变化。他废除了以往赋予以国家或事业部为单位的市场团队较大裁量权的制度，在苹果电脑公司总部新设立了由"品牌""广告""报道""促销""专栏（产品）"和"网络"6个小组组成的，被称为"全球市场"的营销传播团队（简称"营传团队"）。苹果内部所有的市场营销传播活动都由乔布斯直属的团队进行垂直化管理。

我负责的日本市场营传团队从组织图上看是由苹果电脑公司日本分公司来分管，但日常业务却被设置在位于美国库比蒂诺的苹果总部中。

视频会议在每周一召开，邮件和电话沟通则每天都会进行。各国的市场营传团队的代表所参加的全球市场营传会议最初是隔月进行一次，不知从何时起变成了每月都要召开。在全球市场营传团队参加的会议上，主要议题和与促销及项目相关的议题首先会与乔布斯讨论，之后再由各个团队和负责人召开单独会议进行讨论与调整。

由苹果总部来进行垂直化管理有着更易于构筑全球一贯化品牌的优点，但也有缺点，那就是针对各国的国民性格和市场特点比较难以实施与之最为贴合的政策。我当时很不习惯这种新体制，和苹果总部也产生了不少冲突。抵抗势力必然会伴随着破坏性创新存在，我自己也是其中一员。

比如，日本分公司从苹果总部收到广告素材后，首先对它进行加工，使其本土化，制作出符合日本人感受的广告方案，然后再作为逆向提案接二连三地向苹果总部提交。而这些提案脱离了全球市场营传团队所制定的广告指导路线，不知道该说"但是"还是"当然"，日本的这些提案都被悉数退回了。

这时被我们烦透了的人，就是被夹在乔布斯的指示和日本分公司的抵制中间的全球市场营传总监阿兰·奥利弗。他非常平易近人，但对于我们的抗议，他也有些束手无策。

有一天，在参加全球市场营传会的时候，阿兰对大家说："总部给予你们的指导不是建议而是指示，我说 NO 的时候它就是 NO ！"他盯着我的脸，用唬人的语气说："明白了吧？顺一！"我想在他的话里应该也有向其他参会者确认的意思。

之后过了几天，感觉像是再三叮嘱一样，乔布斯又给原田总经理和我发了邮件，邮件中写着"日本不要干涉广告创意"。顺便说一句，乔布斯直接发来的邮件用的是他皮克斯的邮箱，当时他每周都会作为皮克斯的CEO 工作一段时间，而剩余的时间则都用在对苹果的重建上。因为他在苹果的电子邮件地址被官方公布了出来，这个邮箱每天都要收到海量的邮件，所以我认为他和员工进行单独联系的时候都会使用皮克斯的邮箱。这就导致了由皮克斯的邮箱发来的邮件大都是沉重的任务或者训斥的内容，所以我到现在看到皮克斯的邮件都会心跳加快。

现在回想起来，由于体制发生了变化，当时的我可能有一些"自己一直以来所做的事被排除在外"的想法。实际上，我确实有一些类似于"最了解日本用户的是日本的市场团队"这样的自负心理。但是，接受了一段时间的新体制后，我的想法也渐渐发生改变，如何把最原汁原味的美国风味，逐渐改变成可以体现破坏性创新的创意和信息以吸引日本用户，成为我们工作倾注全力的方向。

被过去的习惯所左右的我，开始调适对新方向所怀有的不适应感，最终作为全球性团队的一员成功回到了推进苹果重生的品牌构筑队伍中。

破坏主从关系

全球市场营传团队要统一开展市场活动就意味着需要锁定广告代理商。但在当时，由于各国的市场团队都是委托当地的广告代理商来制作各自的广告，所以根据国家和产品的不同，广告的品质也参差不齐。在这种状况下，想要构筑起一个完整的品牌是不可能的。

为了配合乔布斯的回归，苹果的广告交由天才创作者、乔布斯的好友李·克劳所带领的 Chiat/Day 来制作。Chiat/Day 是由从约翰·卡普莱斯时代就被启用的 BBDO 整合而来的。

在 1984 年 Macintosh 问世时，Chiat/Day 是制作了在超级碗（Super Bowl，NFL 职业橄榄球大联盟的年度冠军赛）放映的传奇电视广告"1984"的广告代理商。随着乔布斯的回归，这对曾经的黄金搭档重组了。自那之后，苹果的广告全都由 Chiat/Day 制作，然后由各国分公司进行本土化后再使用。

这里需要提到的是，苹果对日本的广告代理商也进行了调换。因为当时日本没有 Chiat/Day 所属的 Omnicom 集团的广告代理商，所以就选择与跟同集团的 TBWA 有合作关系的博报堂合作，1998 年以后又与 TBWA 投资公司设立的 TBWA 日本（现在的 TBWA/HAKUHODO）合作。

　　TBWA 日本原本是名叫"日放"的日产汽车的房屋代理商，是一家纯粹的日本企业。但在 TBWA 注入资金之后，其经营层的新成员、所经手的广告、接触客户以及合作伙伴，一下子都变得国际化了。当时负责对接苹果的团队对新环境的变化有些不知所措，但在经过了数次创新的、顶级的创造性制作以及新手法的媒体运作后，不知不觉间成为日本首屈一指的突破性创新者团队。

　　更换广告代理商的行为在商业运营中是很常见的，但当时最令我惊讶的是苹果对于广告代理商在公司中的定位。从某种意义上来说，企业和广告代理商在工作上，是一种主从关系。但是在苹果的新体制下，李·克劳同时也作为智囊团支持着乔布斯的工作，苹果员工把他当作"品牌参谋"而十分敬重。苹果员工和广告代理商的成员们作为平等的全球市场营传的成员，合作得坚如磐石。

　　另外，与苹果消除了主从关系的不只是广告代理商，人力资源代理商、为了促销而制作专栏的供应商也都如此。因为大家有着共同的目标和理念，并通过发挥各自的专业性和才能来实现战略合作，所以苹果员工与供应商成员间经常可以毫无隔阂地进行讨论。

我常年与市场打交道，对此感到很新鲜，我觉得拥有远见卓识的领袖和执行力超强的团队是"非同凡想"广告成功的主因之一。

商业模式的大改革

说起乔布斯，人们大都会有类似于"做设计的人""做产品的天才"这种偏向于产品开发的刻板印象。但实际上，乔布斯在苹果的商业模式改革上也花费了很多的心思。

当初苹果被逼到濒临破产的地步，其背后的原因非常复杂，包括作为企业忘记了自己的初心，产业面扩展过大而迷失核心战略，软件与硬件在市场上都丧失了竞争优势，等等。

这其中给苹果致命一击的是消费者商业的失败。尽管个人计算机市场早已不处在增长期，但商业模式和渠道构造却没有随着这个趋势进行任何改变。

比如，在 20 世纪 90 年代的日本市场中，经营苹果产品的零售店超过了 3700 家，代理商也有 40 家。零售店的进货渠道十分复杂且混乱，代理商们还会通过增加零售店的数量来促进相互竞争，想方设法地从生产商那里获得更多打折权限和促销费用。

零售店为了获得对自己有利的条件，所以很忌讳提供销售额的具体数据（有的代理商和零售店甚至把与产品包装在一起的用户登记卡的邮寄地址改成了自己的），这样苹果就无法获得用户的详细信息，也无法准确地进行产品改进计划和销售预测，作为生产商生命线的供需预测也只能靠"直觉"判断了。

这样的结果就是，受欢迎产品的生产速度跟不上，很快就会卖断货，而卖不出去的产品的库存积压却越来越严重。如果产品卖不出去，零售店就会想办法打折销售，但折扣实际上是苹果用价格补贴来达成的。如果这么操作还卖不出去的话，积压的产品就会被废弃，最后承担废弃成本的还是苹果自己。

当时生产商、代理商和零售店都疲于应对。一言以蔽之，就是陷入了无法期望商业成长的混沌状态中。于是，对于销售渠道和供货链的重构成了一个无比重要的课题。

当 1998 年的第一代 iMac 推出后，苹果在日本也实施了销售渠道的重构。整顿了当时的销售渠道，将代理商缩减到 4 家，同时搭建了新的销售渠道，与 100 家 iMac 零售店签订了新的合同，将销售模式切换成由苹果直接向各个店铺配送产品，并规定零售店有义务每天向苹果提供销售数据和库存状况。

补货方式变更为每周一次对店铺库存所售的部分进行补充，产品运输方式也由海运改成了空运。

空运虽然会让运输成本升高，但由于绝大部分生产都是按照订单来进行的，所以收益率得到了大幅提升。库存周转由以往的每年 3 次到 4 次提升为 50 余次，流通库存也变成了只有差不多 3 天的数量。苹果的需求预测得到极大的改善，财务状况也终于开始回暖。

比销售额优先级更高的事

说起来容易，但到实际做的时候，改革毫无悬念地受到了零售店的抵制，他们纷纷表示：“如果不能卖 iMac 的话，那我们就不卖苹果的产品了。"

没人能保证在改变规则后，前方的肯定会是"天堂"，因为痛苦是破坏性创新的附带品。果然，如传统零售店所言，苹果产品在日本的销售额大幅降低。

一直以来，如果在日本进行的改革对销售渠道产生了不利的影响，就会出现"今年不卖了"这种威胁日本高层从而使改革受阻的局面，这是因为如果当时占全世界一成份额的日本销售市场出现极端下滑的情况，就会对苹果的全球经营状况带来沉重的打击。在这种情况下，苹果的日美高层此时发挥出了突破创新者的真本领。

乔布斯和原田坚定不移地做好了"如果没有破坏就没有苹果的未来"的思想准备，在设想了销售额将下降的基础上重新构建了销售渠道。

这种价值链条的重建对于 iMac 来说是必不可少的。iMac 成功的主要原因包括品牌和市场，但 178800 日元这个在当时十分破格的销售定价才是最大的成功因素。要实现目标首先需要缜密的计算和正确的战略，这其中，渠道的重新构建显得尤为重要。

经过对渠道的破坏性创新，在第一代 iMac 上市半年后，苹果又推出了 5 种其他颜色的 iMac。假如从最开始就推出 5 种颜色的产品说不定更具冲击力，但那样 SKU（最小存货单位，Stock Keeping Unit）①也会变成 5 倍。为了让苹果能够重生，设置完备的商业模式并对其进行验证是必不可少的。

收益性高的商业模式在完善前是不能直接扩大规模的，这在初创公司的圈子中是一种共识。

新生的苹果先将功能不全的商业模式破坏掉，然后再通过初创性的探索研究，从一张白纸开始重新构筑商业模式。在 iMac 走上正轨后，苹果在消费者商业上站稳了脚跟，同时，开始展望业绩恢复和发展的未来。

另外，和乔布斯一起主导了这个构筑系统的人，是从康柏公司（2002 年被美国惠普公司收购）挖来的蒂姆·库克。当时所有的商业媒体都在报道 iMac 的创新性设计，却没有一家媒体注意到苹果在商业模式上的改革。之后苹果市值能一跃超 1 万亿美金的商业基盘就是在这时确立的。

当苹果的经营者由乔布斯变为库克时，媒体中有很多

---

① SKU 被定义为保存库存控制的最小可用单位。

否定的声音，但苹果现在能作为顶级科技公司屹立不倒，毫无疑问库克在其中耗费了许多的心血。

⬚ 不要满足于稳定的现状

创新性设计改变了科技与人的结合规则。改变了世界的苹果，在经历了沉浮之后也失去了它的"稳定性"。

1997 年，当时的苹果没有"轴"，处于一种连站都站不起来的状况，更别提更进一步了。这是因为人们已经无法找到一个能够支撑苹果"轴"的支点，没有一个苹果员工能说清楚苹果到底是什么，以及自己存在的意义是什么。濒临倒塌状态的"苹果大厦"想要恢复"平衡"，就一定要找到能够让自己重新站起来的"轴"，也就是要回归到支撑它的支点——"苹果的初心"上。

然而，苹果想要恢复的平衡并不是以"稳定"为目标，也并不是稳定了就能取得平衡。不管稳定还是平衡，苹果都必须要将重心放在支点上。稳定指的是固定支点来维持"轴"（能够承受小振幅的摇摆）的状态；反过来说，要取得平衡也不一定必须把支点固定下来，这样即使"轴"倾斜了，只要能灵活地移动支点，随时修正重心偏差的话，"苹果大厦"也不会倒塌。

在爱因斯坦的名言里，有"人生就像骑自行车，想保持平衡就必须不断运动"这样的名句。不只是在骑自行车的时候，我们在行走时也是双脚交替踏出，使得支点与重心变化的"轴"互相配合来移动；相反，如果把脚固定起来，人就会因为失去平衡而倒下。不仅仅走路是这样，跑、跳甚至倒立时，人们都会不断地修正平衡来确保不会摔倒，但从单个瞬间来看这些动作都是不稳定的。

乔布斯回归之前的苹果是按照被以往的框架所制约的商业模式开展工作的，无法跟上科技进步和市场变化，处于一种失去平衡且被抛弃的状态。当乔布斯回归后，苹果找回了将科技与人的创造力相融合去推动人类进步的理念，恢复了苹果发展的平衡支点与"轴"。

自那之后，苹果的平衡点无不令人惊讶。乔布斯曾经把 1984 年上市的 Macintosh 称为"智能自行车"。但从之后的 iMac、iPod、iPhone、iPad 等所带来的一次次突破性创新来看，如今苹果所驾驭的自行车，已经是能进行兔子跳或者空翻跳等惊险技巧的极端竞技自行车了。

苹果的"智能自行车"，是将科技与人文、社会、自然学科相融合进行的破坏性创新，将活动领域从二次元推向三次元，然后完成了向包含 AI（人工智能，Artificial Intelligence）、IoT（物联网，Internet of Things）等新科技的四次元的扩张，我对此感同身受。

当我喜欢某种东西到无法自拔，甚至到了抱有强迫观念的地步时，周围人的眼光以及别人会不会接受就变得不太重要了。被周围人的意见所左右，套着"条条框框"做出来的东西基本上都是"无趣的"。"正儿八经的"东西往往是最无聊的，心也不会随之雀跃。

顶级的产品，往往会给和谐及平衡带来波澜。要么会得到狂热的支持，要么会被彻底地抛弃，人们一般只会有这两种完全对立的反应。以让大众都接受为目标开发的商品或者服务，必定是中庸且无趣的，到最后只会无人问津。

消除迷茫和恐惧的方法

追求制造最高水平产品的强迫观念，与妥协和迎合的想法是不相容的，一味地考虑别人的"情况"不会带来更好的想法。而且，创新也不会在没有压力和不安的舒适空间里产生，这是因为人们通常会抵触能带来革新或者引起变化的事情。

经常听到人说，要进行创新，组织里就不能缺少可以接受"失败"的文化。那么，没有这种文化就不能去挑战吗？有了可以接受"失败"的文化的话，面向创新的挑战速度会增加吗？那你们又能接受多大程度上的失败呢？

那些等着万事俱备再行动的人，应该是本来就没有什么强迫观念的，我不认为这些人能够做出"最高水平的产品"。

想要做出最高水平的产品，不应该站在允许失败或者不允许失败的"被作用"一侧，而是需要有成为"起作用"的人的意志，同时具备不放弃的决心去面对失败的姿态。

如果自己被明哲保身所牵绊，对前进的道路抱有迷茫和恐惧的话，就必须要从消除这一切开始。成为在创新中起作用的人的方法有很多种，这里有一种最简单的找到头绪的方法，那就是在提出好的想法的同时，写好辞呈。

这样可以估测自己下决心的程度，也可以消除前进时的
迷茫。

请务必牢记，破坏性创新是从坚定信念、克服恐惧、
拿出迈出第一步的勇气开始的。

本章小结

"将圆桩打入四边形的洞里"，要取得成功就要在困难中打入楔子。破坏性创新是从打破"遗留"、进行创造性的破坏开始的。成功的体验不会存在于以往框架的延长线上。信赖感性，不被理论和组织框架所支配（但不妨参考过去的经验）。

战胜创新过程中的摩擦与冲突，抵抗势力会与创新如影随形。要想进行破坏性创新，就要做好受伤的思想准备。将强迫观念与不愿退缩的决心结合起来（有必要的话，带着提交辞呈的想法将提案付诸实施）。

丢掉试图在100人中让100人都满意的幻想。将追求做到极致的强迫观念，是不能用满意度调查表来衡量的。

在现场仔细地观察顾客，发掘他们的内心需求。从市场调查无法获取的打破预想的需求和嗜好中，找到破坏性创新的灵感和创意的立足点。

找出平衡点。以作为初心的理念为轴，一边灵活修正保持平衡，一边向着规划好的目标勇敢前进，这样才能取得破坏性创新的成功。

第2章

将不可能变为可能

不是从市场调查中诞生的 iMac

随着科技的进步，对未来的预测精度得到了飞跃性的提高。在 5G 和 IoT 的时代，这个精度还会得到长足的发展。

但是，并不是所有现象都可以用数值和理论来解释，因为破坏性创新并不在过去与现在发展的延长线上。创新是只有将视线向前投去才能实现的，这是因为只分析过去的业绩和数据，考虑满足市场表面需求的话，是无论如何都冲破不了"常识"的范畴的，最后只能得出一些很常见的想法。

比如，1998 年上市的 iMac 就是一个完美体现乔布斯所构想的"符合互联网时代计算机存在方式"的产品。它的超前定位、先进的设计感和具有冲击力的低售价，使它受到了极多的赞扬，但那时也有一些分析家评论说："这种东西是不可能卖出去的！"

　　为什么这么说？这是因为 iMac 缺少当时用户最为追求的两个东西。

　　一个是 FDD（软盘驱动器，Floppy Disk Driver）。虽然当时计算机已经逐步向以 DVD-ROM 为代表的新储存媒介转变，但依然还有很多习惯使用 FDD 的用户。源于"到了互联网时代，数据的传输就应该利用网络"这样的想法，苹果果断将它舍弃了。

　　另一个是与打印机等周边设备连接时使用的标准规格串行端口，以及 ADB（苹果桌面总线，Apple Desktop Bus）和 SCSI（小型计算机系统界面，Small Computer System Interface），取而代之的是在当时最先进的 USB 端口。但是，当时展开激烈价格竞争的各个打印机制造商公司都优先考虑成本，并没有将搭载 USB 端口的打印机商品化，所以当时出现了"连接不上打印机的计算机谁会去买"这种声音。

　　但最后的结果大家都知道了，iMac 从公布到上市的短时间内，各家制造商对 iMac 带来的巨大社会反响大吃一惊，他们以极快的速度将可以与 USB 相匹配的打印机商品化，分析家们的预测被完全打破了。

⧉ 开启时代的新概念设计

从 iMac 的设计风格上来看，在当时也是前所未有的。

以往的个人计算机无论是哪个厂家生产的，基本都是米色、四四方方的，但 iMac 却使用了看上去不像计算机的圆角半透明聚碳酸酯材料外壳，颜色则采用了由澳大利亚一个海滩命名的"邦迪蓝"。iMac 是一种去掉了多余部分，配线整洁有序的一体型复古未来式设计，它以那些对个人计算机尚不熟悉的消费者为目标，力图开启互联网时代计算机的全新概念。

iMac 的研发方式与以往的苹果产品完全不同，由设计师组成的小型团队承担了创造科技与人相融合的用户体验的任务。

乔布斯回归后，据当时工业产品设计的上级主管乔纳森·伊韦说，乔布斯也加入了 iMac 的开发团队。在 iMac 的设计概念和产品规格里，有几个特征引起了各界的议论。

第一个大的特征是，iMac 在外壳的上部安装了提手。

关于这个部分，日本的业界媒体提出了很多问题，这个提手很好地说明了 iMac 的独特性和定位。iMac 的创新性设计反映的不只是其结构参数和功能，其中还有着重视用户体验的考量。

iMac 并不是可携带机型，所以提手的实际作用是有限的，但由于这个设计创造了科技与人的连接点，这样即使用户不了解计算机到底是什么的东西，也能够不抵触地接受它。

在举行 iMac 发布会的美国迪安萨社区学院的燧石礼堂和日本的发布会场，以及 1998 年 8 月纽约 Macworld 的展示会场中，我注意到，这种重视用户体验的设计带来了在其他计算机发布会中难以看到的特殊景象。

在 iMac 的展示现场，人们往往会为了看它一眼而排起长队。轮到自己和 iMac 面对面时，所有人都有一个相同的行为——触摸展示台上的 iMac，小心抚摸它的机体。

人们先是像拥抱 iMac 一样，用双手从上向后，然后从侧面向下顺势抚摸。聚碳酸酯的外壳鼓起的部分并不光滑，但也许正是这种留在掌心里微微的摩擦，会让人感觉很舒服吧。

到场的人们虽然性别、年龄、人种、国籍、语言都不同，但无论大人还是孩子，在轻抚 iMac 时，表情里都浮现出温和的笑容。

需要注意的是，iMac 并不是从既有数据或者市场调查中诞生的。如果依赖调查数据的话，iMac 肯定会和有 FDD 和 SVSI 这种遗留设计的其他计算机一样泯然众人。

乔纳森·伊韦后来说，iMac "发掘了本来就存在于科技和人的连接点处的关系性，让人们怀有感情地去碰触计算机"。

苹果直接追求用户心中描绘的理想计算机的形象，并以此打动了业界和用户，推开了计算机新时代的大门。

颠覆以往的手法

我作为当事人体验了乔布斯对于互联网时代强烈的执着心。

为了扩大第一代 iMac 的销售范围，苹果决定在日本也进行大规模的宣传活动，当时计划将直接邮件（非电子邮件，即邮寄实物的邮件）作为其中的一环来实施。我们按照全球市场营传的指导方针制作出广告，并取得了美国总部的认可，正当大家按照发布日期忙着进行最后准备的时候，乔布斯却面露难色。

"在象征着互联网时代的 iMac 的促销活动上，使用上个时代的邮寄方式是怎么一回事？"

虽然当时日本的互联网普及率正逐渐上升，但还是远不及美国。在日本如果要以达成预期销售额为目的的话，通过邮寄直接邮件是最为实际的一种促销手段，关于这一点我们给当时的全球市场营传负责人威尔海特作了说明，之后他也给乔布斯提出了建议，但他好像并没有听进去。

我去库比蒂诺出差时，在乔布斯出席的会议上，这个议题又一次被提了出来。乔布斯依然面露难色，对此我又一次做了说明："在日本，直接邮件仍然是有效果的，是扩大 iMac 市场占有率的机会。"但乔布斯却坚持说"NO"。实际上那时邮寄物的印制都已经完成了，所以我下决心坚持"只靠互联网在日本无法广泛地触及消费者，所以无论如何都希望得到认可"的提法，但乔布斯却是一副"这个我很清楚"的表情，只回答了一句"不是那么一回事"，我的提案就被驳回了。

这次会议后我紧急与日本分公司联系，通知他们将包括媒体告知在内的宣传活动全部取消，同时对直接邮件的邮寄物进行废弃处理。当时我拿着电话的手和面对着计算机显示屏的额头上全都是汗。

乔布斯经常被人称作"顽固的人"，但如果换个说法，那他就是一个对自己所相信的事不会有任何妥协、毫不动摇的人。他以"iMac 来改变计算机存在方式"的信念始终如一。从那次会议中我学到，为了实现创新，在颠覆以往的手法上要对一切都不妥协。

领先于时代的广告在 iMac 之后仍在继续，比如 AirMac（日本以外叫作 AirPort）的广告也是如此。

虽然很多有识之士和各个生产商都经常把"互联网时代已经到来"挂在嘴上，但那时的日本还不能说互联网已经完全得到普及。我们虽然在头脑中可以理解乔布斯指示的所有内容都是超前于互联网时代的，但这种固化性思维显然还没有转换过来。

AirMac 是一种有着 UFO（不明飞行物，Unidentified Flying Object）一样外形的圆锥形路由器，它的电视广告制作完成后，也在日本同步播出。它在美国的产品名是 AirPort，但在日本，这个名称在商标上无法使用，于是就改成了 AirMac。在最终的电视广告里，UFO 从远处的天空中飞来并缓慢翻转着陆，随后机身上的正面出现苹果标识，URL（统一资源定位系统，Uniform Resource Locator）[①] 出现在最后的画面中。

在电视广告里，这款商品的名称和功能都没有被提及。虽然最后出现了苹果的标识，但当时苹果在日本的市场占有率并没有现在这么大，所以对于那些不熟悉苹果标识的观众来说，并不知道这是什么厂商的广告。

大家嘴上都在说着互联网时代已经到来，但实际上当时并没有普及，不管在哪里都没有播放过这样的广告。如果考虑投资效率的话，其实是很难下定决心去打这种广告的。所以在进行广告宣传的时候，我努力说服周围人和自己，这就是苹果开创互联网时代的方式。

创造前所未有的方法

不拘泥于旧手法，果敢挑战新事物的这种姿态，在当时日本的广告团队中逐渐被接受。

---

① URL 最初是用来作为万维网的地址，现在已经被万维网联盟编制为互联网标准 RFC1738。此处指代万维网的地址。

如果有了不只是追求眼前的 KPI（关键绩效指标，Key Performance Indicator），而是要制造乔布斯经常提到的"Insanely great"的产品的这种目的意识，自然就会理解"排除所有成为障碍的事物是理所当然的"的想法。下面我举一个例子来帮你进一步理解。

当时苹果广告团队的成员在街上走的时候经常会睁大眼睛去寻找可以安放"非同凡想"宣传条幅的地方。在找到适合的地方并开始讨论是否可以打室外广告时，就会出现 100 个难以实现的理由。虽然有时候这些理由是自己列举出来的，但在从企划到实行过程中的某个地方，包括上司、同事、下属、代理公司的财务总监、他们的上司、部下、创意总监，甚至是施工方必定会有人说"这办不到，因为……"。当时室外广告负责人的工作就是一个个地去解决这些难题。

比如 5 种颜色的 iMac 刚上市的时候，苹果在位于涩谷车站东侧的东急文化会馆的整面墙上打出了足足 500 平方米的超巨大型室外广告。同时还展示了以卓别林作为特辑的"非同凡想"的条幅，让整个涩谷车站都变得令人印象深刻。

这个广告对普通人来说无疑是十分震撼的，但冲击最大的却是与广告业界相关的那些人。

按照东京都的相关条例，室外广告尺寸只允许在 100 平方米以内，所以 500 平方米巨大的广告是从未出现过的。那么，这是怎么实现的呢？

这可不是做好了接受罚款的准备而无视条例。这个广告从远处看是一整张巨大的广告牌，但仔细看的话，会发现其是由一种叫作"Yum"的绳索将 100 平方米的广告以"恰巧" 5 厘米的间隔排列连接起来的。这是个按过去的惯例和常识的思考方法怎么都想不出来的全新创意。

苹果 /TBWA 日本的广告团队的破坏性创新业绩不只如此。比如在今天看起来很普遍但在当时却没有先例的巴士车体广告，或者按常识应该安装四边形牌板的地方放置不规则形状的室外广告，他们还以惊人的口才说服了那些平常不会为自己未经营的商品打广告的商场和大厦，在银座这种顶级商业地段打出了 iMac 的广告；他们也给完全没有打广告空间的公寓做工作，说服那些在广告牌立起来之后就算是白天也要在黑暗中度过的居住者，然后打出一个巨大的 iMac 广告，这是相当不易的。

▦ 现实扭曲力场的真意

前文讲述了乔布斯和苹果团队的创新性非常先进的事例，但说到乔布斯的领导能力时，则经常会用到"现实扭曲力场（Reality Distortion Field）"这个词。这个词的定义为：

即使是谁都认为不可能的事，通过巧妙的谈话技巧，让对方相信它能够实现。或者说，通过卓越的演讲能力，激发听众的想象力，将他们引入一个想象空间并使其感动，也指这种场面和氛围。它是表现苹果的创始人史蒂夫·乔布斯领袖气质的词语。

那么，在解说"现实扭曲力场"之前，我们先把时间稍微向前移一下。

1998 年的夏天，在纽约 Macworld 的演讲台上，乔布斯说："苹果的强项之一就是设计和时尚"，这时 G-SHOCK 被投映在大大的银幕上，他接着说，"10 年前每个美国人都拥有 1 块手表，但因为这几年突出了产品的设计和时尚性，所以现在平均每个美国人拥有 7 块手表"，然后银幕上投映出了 7 块 G-SHOCK 并排摆放的幻灯片。

这时会场中有人开始交头接耳，甚至用怀疑的声音大声问："这是真的吗？"

但他并没有受到影响，然后接着说："这才是我们所梦想的"，在他所展示的幻灯片里，出现了并排摆放着的 7 台邦迪蓝的 iMac。

"不会有人买这么多 iMac 吧。"听懂了乔布斯风格玩笑的观众们都笑了起来。

在这个演讲之后的半年，也就是 1999 年 1 月，在旧金山 Macworld，以 5 种颜色上市的 iMac 闪亮登场。

当时在进行基调演说的时候，乔布斯向人们推荐应该拥有全部 5 种颜色的 iMac 而引发了全场的沸腾。为 iMac 的美而着迷的人们，这一次表现出来的反应是，既没有把他的话当作玩笑毫不在意地无视，也没有觉得这种事完全不可能发生。

当然我认为把 5 种颜色的 iMac 都集齐的用户应该很少，但有的用户把家里使用的东西和在职场上使用的东西以颜色进行区分，各种颜色的 iMac 在创造性企业和教育机构里竞相落地。乔布斯说过的话最后都变成了现实。

敢于与 KPI 分离

我在这里想强调的一点是，仅有"现实扭曲力场"是绝对不可能实现破坏性创新的。

诚然，乔布斯是一个企划宣讲的高手，到现在为止他的企划宣讲形式依然被全世界的企业所模仿。但是，如果只用企划宣讲抓住人心却完全不去实现的话，那就是一种欺诈了。

突破性创新就是将设想的规划和战略进行实施，再通过有机的发展来达成完美实现的过程。

让人们去相信宏大的规划是非常重要的，这是乔布斯的强项，但是如果认为乔布斯只是个会"做企划宣讲的人"，那就大错特错了。他在踌躇满志地讲述着听上去像在说大话一样的宏大规划的同时，背后也在全身心地为了能够实现这个宏大规划而不懈努力着。

前段时间我遇到了一个投资家，说到近年来新创业的群体，他说："有很多公司宣传得很好，但却没有开展与之相配的实质性业务。"这其实是一种非常严厉的批评。

"现实扭曲力场"是乔布斯的代名词，但这说到底也只是他的一个侧面而已。正如前言中所述，我觉得能够准确表达将作为破坏性创新者的他唤醒的词就是"强迫观念"。

强迫观念会带来超出逻辑范围且不能用常识衡量的言语和行动。如果按常规的框架去对待，"离奇异常"与"不合常理"的想法和行动会作为一种创新而开花结果。它的过程和思考方法与意识创造相背离，由此产生的结果大多也不能用 KPI 对应的数值来测定。

乔布斯所拥有的强迫观念，存在于科技与人性的融合，以及利用科技去扩展人类能力的可能性当中。

强迫观念不是用逻辑能够组合或者培养出来的东西，它往往无法用常识来衡量。

不能总是找借口

我在苹果中所经历的事情没有一件是合乎常理的。当时我在苹果电脑公司工作这件事本身就让很多人不能理解，为什么会选择留在一家濒临破产的公司，连我自己都说不清楚。出现新产品和新技术的概率非常低，客观来说，对恢复苹果业绩的期盼就像是在等待奇迹。

强迫观念唤醒了为大家指明通往奇迹之路的乔布斯和苹果电脑公司，但它所到之处带来的都是混乱、反抗和拒绝。在这种状况下，"非同凡想"的哲学就像是一种禅意，先感化了那些拥有无私心灵的人，然后又慢慢地感化了他们周围的人。

在"非同凡想"的境界里，不存在收益和利益率的KPI。

乔布斯在斯坦福大学演讲时，谈到了信念的重要性。自己的毅力、命运、人生、事业等，不论什么，他建议人们应该拥有让心灵可以依托的东西。

他说，如果在前进中，相信自己所处的"点"能与未来相通的话，即使偏离了常识性的道路，那也能用于改变未来。

"非同凡想"广告中的伟人们，就是那些"真心相信自己能够改变世界的人"。

强迫观念的种子在自己心中发芽，在迷茫困顿中生长、开花，变成从理论上无法解释却不会动摇的信念。在这种信念面前，那些有分歧的理论是十分苍白的。

破坏性创新的起点是妄想

在 iMac 的开发和上市过程中，没有假设。

iMac 的设计思想，是乔布斯的设想和强迫观念基因相结合孕育而成的天选之子，也是之后苹果为了成为可以在宇宙留下痕迹的企业而创造出立足点的核心因素。

而且，乔布斯还对于"最高水平的创造"和"简单的追求"抱有强迫观念。

其结果就是，包括 iPhone 在内的各种产品的主键都集中成一个键，帮助用户避免了操作的复杂性，实现了创新性的使用自由。从开发工程师和生产部门负责人的角度来看，乔布斯的想法大多都是缺乏实现可能的"妄想"。但是在破坏性创新的过程中，这种妄想往往是创新的重要起点。

很多企业在制定战略和计划立项的时候都会做假设，然后再进行验证，将确认可靠性的内容整合到计划中。将产品原型进行市场测试，观察市场反应，以"客观的"数据来确认其可操作性。如果 iMac 也去做市场测试的话，上市的可能是会让分析家们满意的产品，但苹果毫无疑问就会因为无法迎接 2000 年的到来而消亡了。

如今，站在用户的立场去彻底追求每件产品该有的特色而产生的"设计思考"研究已经被大众广泛接受了。

然而，与乔布斯有着相似思考回路的高层领导的企业少之又少。作为新想法浮现出来的"该有的特色"与现状的差异越大，就会遇到越多的抵触，被推翻的可能性也就越大。

即使如此，设想"让人疯狂的、了不起的、厉害得一塌糊涂的、最高水平的"产品的品位和能力，无疑在哪种组织里都是无法替代的一种资质。

为什么这么说？这是因为代表日本的本田、索尼、松下等企业的创造性创新无一例外都是将"这肯定不行"而放弃了的项目通过强迫观念再次启动，最终取得成功，并将它作为发展的另一个起点。如果通过验证假设并接受没有实现可能这样的结果的话，就不会有现在的本田、索尼和松下了。

拥有制造出"最高水平的产品"的强迫观念和也许会被人轻视的"歪曲现实的妄想"，将自己与众不同的想法简单整理好，最后将它们讲出来。想要实现这些，进行能够打动人心的训练是必不可少的。

在为了能够做到顺畅地整理想法和沟通而进行的自我训练中，我认为"进阶提升"也许是有用的第一步。

很多企业将"进阶提升"作为员工沟通训练的一环（主要是外资企业），具体来讲就是进行一个宣传公司或自己的 30 秒到 60 秒的简短演讲。"进阶提升"的重点就是，总结最主要的几点，不要将自己的想法强加给别人，而是要以一种站在对方立场上的迫切心情来打动听众。

通过"进阶提升"来进行实际练习，可以帮助大家将自己的想法总结为易懂且具有说服力的故事，这是一种在整理想法的过程中很有效果的方法。

本章小结

在假设之前首先是妄想，在以往的架构和成功体验的延长线上是不会存在突破性创新的。通过判断妄想与现状之间差距的大小，可以检验实现破坏性创新的可能性。

不能将标新立异与不管不顾的破坏性创新的概念相混同。破坏性创新不是歪曲现实，而是抱着带来共鸣感的理想去开创新的未来。

不要通过市场调查和KPI将自己的想法变成没有新意的俗套计划。"正统"的计划要给强迫观念加上妄想，用可以让心灵跳跃的讲述方法来精炼观点。

将自己的强迫观念总结到"进阶提升"里，做好随时可以发表演说的准备。

第 3 章

提炼灵感

不依靠桌上的战略

破坏性创新是不讲道理的，因为与道理和过往的惯例相对照的话，这种创新乍看上去会让人觉得是错误的。因此，做大的战略转换时，在创新性企划的决定上，有可能会启用知识储备和洞察力极其完美的咨询公司。

给咨询公司提出理想的战略和计划要求后，他们会分析并把复杂的状况体系化，解构问题并提出解决策略，同时会得出在伦理上不存在争议的商业模式的概念和计划（与相应金额的账单一起）。然而，在这个时候有一些情况务必要注意。

以过去的手法和数据为基础来预测和设定指标，在这种假设中是不会产生突破性创新的。即使实施了转换后的战略，可能也达不到预想的效果。只是这样的话倒还好，如果 KPI 不能达成，就去设定一个能达成的 KPI，如果还是有困难，就再去设定一个能达成的 KPI 的话，就会陷入一种负面的旋涡之中，等意识到问题时，企业说不定已经坠入无底的深渊中了。如果是这样，所谓的创新就成了一种 KPI 的堆积，并不能带来可以产出创新成果的实施战略。对于那些一味追求 KPI 的组织，在实现创新之前，持续性事业的推进力也许会先一步萎缩吧。

组织变大后，往往容易把达成 KPI 错置成发展的真正目标。从经营管理者的角度来看，目标管理是理所当然的一项工作，不这样做的话就无法开展业务。但是，把目标用 KPI 这种具体的数值来量化的话，人们的意识很容易被数值的达成与否所吸引而忽视其背后根本的发展任务。

这种情况是造成垂直化组织中部门间协作缺失的原因，当然也会使颠覆性创新变得更加困难。因为其中一个部门提出创新性的提案，就会给其他部门达成降低成本、分配资源、提高效率等 KPI 目标带来困难。为了能切实地实施战略，有必要根据状况寻找适合的时机去重新制定与全企业战略对应的 KPI。

但是，在进行颠覆性创新的企业中，文化比 KPI 更能左右战略的实施。

彼得·德鲁克曾经说过"文化凌驾于战略（Culture

eats strategy for breakfast）"。如果文化在变革过程中积极发挥其潜力的话，在熬过艰难的过程后会产生超过预期目标的成果。

原本自己想要确立的价值本质是什么？是不是在以设定初始目标时该有的姿态前进？想要解决这些问题，就要不忘初心，且不能有丝毫怠慢地去验证结果。

形式化的数值目标没有任何意义，基本上所有的企业都会使用SMART模式来设定目标，即Specific（具体的）、Measurable（可测定）、Achievable（可达成）、Realistic（现实的）和Timely（有期限）的目标值。大家要知道，只要把KPI设定为最终目标，就不会出现颠覆性创新。

从感性到灵感的总动员

乔布斯所带领的团队在讨论及做决定时，必不可少的是那些用数值不能解析和测定的感性及能力。在苹果式创新的思考中，灵感和启示往往会起到极大的作用。

在突破性创新中，让不同岗位、学历、背景、想法、经验的人才共同思考，进而讨论出解决方法是非常重要的。这一点需要特别指出，并成为设计思考的研究核心。不为以往的思考框架所束缚，比起使用左脑来进行理论的分析，不妨更多地使用右脑来进行创造性思考。

　　人不只有五感[①]，还可以从第六感实现灵感的总动员。在偶然得到灵感或启示时，哪怕当时会有一些违和感，但打破五感的限制，秉承创造的法则去深入挖掘人所拥有的可能性和天赋时，很可能会找到打破常理的颠覆性创新的提示。

　　乔布斯不会在企业里谈及他的私人问题，虽然我并没有和他本人确认过，但他好像比较倾心于佛教，据说他从日本曹洞宗的禅师乙川弘文那里得到过关于禅学以及"设计的概念是什么"等问题的启示。先不说这是不是他所信仰的对象，但可以确定乔布斯是有禅心的，而且将它作为自己理性和感性的基轴。

　　乔布斯曾多次造访日本的京都，并多次在禅寺和庭园中散步，他也曾与家人和拉里·埃里森结伴来过。因为他来日本之前不会提前通知任何员工，所以我们没有看到过他在寺院、庭园、美术馆等地方散步的样子，也无法得知他在那些

---

① 　五感即为形、声、闻、味、解，也即为人的五种感觉器官：视觉、听觉、嗅觉、味觉、触觉。

划，完全是急着收拾残局的狼狈相，赤字横流，没有任何恢复业绩的征兆。然而，这个企业的临时 CEO 却说"正因为如此，才要用这个广告使品牌获得重生"。

没有比这更荒唐的事情了。如果是一个普通人的话，为了不给自己的事业留下污点，听完这些背景描述就该放弃了吧。

但对于克莱格来说，这是个特别的案子。为什么这么说呢？这是因为他在 13 年前看到了具有冲击力的 Macintosh"1984"广告，这成为克莱格从事广告事业的开端。他想为恢复苹果以往的实力开一个头，他想要制作出一个如"1984"一样，一旦看过就会给所有人都留下强烈冲击力的广告。就在被这种热情之火点燃时，启示降临了。

美国宗教学家大卫·A. 贝多纳认为，启示会用两种方式降临。

一种是像在黑暗的房间里突然打开灯，让原本看不见的东西一下子能被看到的方式；另一种就像是日出一样缓缓出现，照亮黑暗的远方的方式。克莱格的启示降临方式就属于后者。刊登在 2015 年 12 月《福布斯》上对他的专访中，他谈及了当时的情况。

他的发散性思维是从试着描画苹果的标识开始的。之后他又试着像美国画家凯斯·哈林经常使用的画法一样，从标识向外画放射线。这样虽然可以体现出从苹果散发出来的力量感，但这仍不是他想要的效果。

然后他试着画了向超现实主义画家雷尼·马格利特的代表作《你看见的不是烟斗》致敬的作品。那是一幅在米色的 Macintosh 的画上加上了以"你看见的不是盒子"为标题的画。

接下来的思考方向是从绘本作家、诗人苏塞博士的《风之诗》开始的。如果把确立个性、抱有反抗精神、"我的地盘我做主"的感觉用诗来表达的话会是什么样呢？这时他头脑里浮现出来的就是"非同凡想（Think different）"。

他将这句宣传语写到纸上读出来后，心情十分激动，赶紧在苹果的标识下放上了这句话。但当时 IBM 所打出的口号是"Think"，这让人有一种苹果明显在抄袭别人风格的感觉。

感知灵感

真正的奇迹是在这之后出现的。克莱格把每天浮现在脑海里的想法都整理在素描本里，在他写了"非同凡想"

那一页的背后，恰巧是他以前画的一幅托马斯·爱迪生和头顶上电灯在放射光芒的画。

他将爱迪生和"非同凡想"的宣传语组合在一起，感受到了"1+1 > 2"的那种充盈的力量。之后他又将爱因斯坦和圣雄甘地等人一个个地与这条广告语组合起来——那是一个清晰看到了创新方向的瞬间。

那天晚上，他思考用一个什么样的故事才能让这个想法落地。这个提案没有提及与计算机有关的任何素材，登场的伟人们也不是苹果的用户。但是他们都是与苹果有着相同理念的人，也就是能发现新事物并不畏惧将自己相信的事物研究到底的人。

Chiat/Day 公司里有 4 个团队推出了各自的提案。这些提案都是些类似于"名人在计算机边上微笑着"的正统感觉的广告。因为在当时，苹果的狂热用户里有许多名人，所以这样的提案也未必就是不好的。和这些提案相比，克莱格的提案虽然有些不切实际，但从结果上来看，他的提案还是被采用并提交给了乔布斯。

创新仅靠科技和计算是无法实现的，热情以及不知何时就会出来的灵感是不可或缺的。

　　当这个提案被送到乔布斯手里时，他原本打算将其推后。因为他考虑到歌颂名人会被认为是对乔布斯本人的自吹自擂，甚至会被批判成骄傲自大的宣传。但是很快他又重新考虑了一下，向李·克劳和当时的负责人罗博·希尔塔宁提出了对方案再修改一次的要求。然而在第二次会议上，罗博改后的新提案就遭到了乔布斯怒气冲天的批评。

　　乔布斯原本对提案所抱有的期待是 1989 年上映的电影《活在当下》中诗的印象。这个"给疯狂的人们"的提案虽然成为最终版的原型，但当时它的地位由于乔布斯的不满而有些尴尬。

　　把它从这个状况中解救出来的人是肯·西格尔。李·克劳确信这是一个适合重生后苹果的提案，所以即使受到了乔布斯的责骂，他也没有放弃，而是将这个项目委托给了肯·西格尔。随后肯对这则广告的细节进行了修改，将最终版的"致疯狂的人们"统合为品牌宣传整体企划的一部分。

打动人类的心

　　自此，为陷入黑暗深渊里的苹果带来一束光芒的具有冲击力的广告诞生了，它包含着可以让人们想起苹果初心的强烈信息。

但是，如果有人问它是否真的会给走投无路的苹果带来起死回生的一线生机的话，其实谁心里都没底。我实际上也是属于持怀疑态度的一派，但之后有一件事改变了我的想法。

那是在推广活动开始后，在库比蒂诺举行的全球市场营传会议时的事情。李·克劳为大家读了他收到的一封感谢邮件，它来自一个 10 多岁男孩的父亲。

邮件是关于在 1997 年 9 月"迪士尼的美好世界"节目中播放的"非同凡想"的电视广告的内容。以"我们看了这个节目，精彩的商业广告无疑为提高公司股价和员工的士气做出了贡献"的称赞之词开始，接着又写到了他家里的情况。

他儿子有一些异于他人的特点而常在学校遭到排挤，由于不能被周围的人接受而受到了深深的伤害。在这位父亲为了提高儿子的自尊心想尽各种办法的时候，有一天他又被儿子学校的校长叫去，告诉他，他的儿子曾考虑过自杀，他对此十分震惊却又束手无策。

就在这时，他看到了"非同凡想"的广告。第一次播放时，他在别的房间没有看到，而当第二次播放时，他的儿子来到他旁边催促他："别吵，别吵，好好看看这个广告吧！"

他吃惊地发现，广告里的解说词——被认为疯狂的人改变了世界，正是自己想给儿子传递的信息。在两个人安静看完这个广告之后，他的儿子静静说道："也就是说，我现在这样也没什么问题。"

少年的心灵与这条广告产生了深深的共鸣，他看到了他儿子眼里希望的光被点亮的瞬间。在发给李·克劳的邮件里写道，他希望让"非同凡想"广告的团队成员们都知道，是他们挽救了他的儿子，并希望传达他感谢的心意。

读完这封邮件的李·克劳的眼睛是湿润的，参加会议的所有的人都沉浸在深深的感动中，我也是其中之一。

回顾自己最初的习惯

广告，是企业传达关于自己所提供的商品和服务信息的营销宣传手法之一。我们所做的营销宣传，不单单是要传达信息，更重要的是向人的心灵倾诉，进而引导人们的行为。这里所说的行为，是指让观看了广告后的顾客去购买商品和服务。

品牌广告一般以提高人们对品牌的印象并强化其喜爱程度为目的，但是"非同凡想"却并不是这样，它没有宣传商品、服务、价格、功能等内容。它所传达的理念、信条以及对于事物的思考等是人类五感所不能感知的东西，这些都与感性和感情有关。

inspiration 在日语里对应的含义是"想到"或者"闪现"，同时它还有"灵感"的含义。灵感这个词很多时候与宗教性的精神活动相关联，我在本书里使用"灵感"而不用"inspiration"，是因为有一种灵感的源泉存在于我们的身体和精神之外的世界里。

邮件中的少年被"非同凡想"传递的信息所触动，我认为促使他下定决心选择活着的，是以电视画面上 60 秒的图像和音乐以及解说词为媒介，从"灵感"那里获得的生存的力量。

不管你相信什么，我觉得所有人都有灵感迸发的时刻。它能够引导人们找到客观法则，并作为人们创造、前进的力量来发挥作用。

人类为了成长而诞生，在前进中自然会经历各种各样的事情。

有时候会因遇到考验和苦难而后退，但也可能会灵光乍现，迎来让人克服考验和苦难并顽强生长的契机。

摒弃自身弱点带来的局限，从拥有自己所不具备的强项的人和超越自身的巨大力量那里获得灵感，是颠覆性创新者们应该培养的重要品质。

我们在提炼灵感时，最重要的是让思维在自己是谁、自己为什么而活这种问题上发散。这时候"想到"和"闪现"的灵感，不仅仅是在自己身上产生的精神活动，而且会成为推动人类前进的力量，我们要学会信赖这种力量。

我从自己的立场出发，在苹果内外谈到"非同凡想"这条广告时，一直都是以很自信的姿态告诉大家："这个宣传活动唤醒了苹果的灵魂，肯定会创造出再一次改变世界的冲击力。"实际上从李·克劳朗读这封邮件的时候我才第一次真切感受到"非同凡想"所拥有的力量。"改变世界，从改变每个人开始"，在进入苹果 7 年后的那个时候，我才第一次感觉自己开始明白创业初期两位史蒂夫提出的这句话中包含的深意。这个品牌宣传所带来的印象，在每一个人心中久久地回响，慢慢地，成为巨大的波纹扩散到每一个人的心里。

本章小结

　　审视自己的初心：我是谁？我信仰的是什么？我所珍惜的东西是什么？能让我的心灵跳跃、闪光的东西又是什么？这种回顾可以每周进行一次或多次。

　　从面临的困难和考验中寻找其意义。首先可以找出10个应该感谢的事，然后再从更广阔的视野中，找到解决问题的灵感，之后遵从灵感尽全力去执行就可以了。

　　审视心灵的依托，进而寻找灵感。在这个过程中，可以冥想、祈祷或是读一些好书。学着亲近哲学和经典著作等，适当地欣赏音乐、艺术作品来填补精神的空缺也是十分有效的。

第 **4** 章

用创造力的"融合"
带来创新

▣ 组合与融合的时代

听到"突破"和"破坏性创新"这些词时，很多人都觉得这是具有"天才光环"的人才"发明"出的东西。

的确，为了颠覆常识，就必须要思考出前所未有的目标和解决方案。但是它不一定要以天才性的发明为前提，创意的组合才是关键。

比如 Airbnb，它就是从"酒店""床铺""共享"等看起来没什么关系的元素融合而来的。

以苹果的 Macintosh 为平台的 DTP（桌面出版，Desktop Publishing），众所周知，是乔布斯将他在学生时代的英文书法课上所学的关于英文书法和活版印刷的知识和感触，融合字体科技而诞生的。以此为支撑，一个由单人就可以制作完成到当时为止只有拥有专业技术的印刷业者才能制作出来的优良印刷物的时代宣告到来，它引发了自约翰·古腾堡时代以来新的印刷革命。

乔布斯将产品和科技定位为融合人的能力和才能并使其放大的工具,同时将制造出"最高水平的产品"作为目标。苹果的强项在于,它能让员工、经销商、供应商、开发者都对产品产生共鸣,并可以将这个理念作为自己的使命来完成。苹果的创新是由拥有各种才能的人将各类知识、经验、见解与热情相组合,产生翻倍效果而实现的。这和苹果创设时的口号"改变世界,从每一个人开始"是一致的。

很多企业都提出要"改变世界",但最后都只以喊口号而告终。对于能将其真正实现的那些公司,它们的特点是什么呢?我认为是与破坏性创新相关的人们的意识和行动的"融合"。

乔布斯以全身心的姿态投入制造"最高水平的产品"的愿望中,他对共同工作的人也提出了相同的要求。如果找不到最高水平产品的要旨,或不团结一致以融合使命感的话,企业和组织就无法实现创新。从顺其自然和侥幸中是无法产生创新的,曾经发生过一件可以窥探到乔布斯这种想法的事——做笔记的人都离开。

做笔记的人都离开

1997 年的夏天，在苹果库比蒂诺本部召开的会议上，我第一次见到乔布斯，那时他还没有成为苹果临时 CEO。会议室里，20 多个人已经落座，他随后穿着 T 恤、短裤和拖鞋走了进来。

由于当时苹果正处于危机状态，很多员工都是第一次见到"传说中的乔布斯"，所以在会议室中充斥着紧张的气氛。为了缓和参会者的紧张情绪，乔布斯开始和大家寒暄，但当他的目光停留在他正面坐着的男性员工时，表情突然就变了，他诧异地问："你拿笔记本来做什么？"

这位被突然提问的员工不知所措，乔布斯继续说："参加会议时一定要做笔记的人，在这个公司中是不被需要的。"

参会者们听到这句话后全部愣住了，幸好那时我坐在乔布斯的斜后方，所以赶紧把已经打开的笔记本收了起来。

当时包括苹果在内，各家公司不管开什么样的会，做笔记都是一件很普通的事情。能说到"不需要"这种程度到底是什么意思？虽然乔布斯没有做任何说明，但是当天的参会者没有一个人询问他说这句话的理由。

乔布斯认为，在会议上讨论的真正重要的事情是不应该被忘掉的。乔布斯是一个在他人生的每一个瞬间都在为制造出"最高水平的产品"而全心投入的人，如果参会者的注意力都高度集中，通过发表各自见解的形式来进行观点碰撞，以得出最高水平的产品（结论）为会议目的来考虑的话，他否定做笔记的做法也是有道理的。

也就是说，在会议上不能集中注意力，没有想要贡献自己价值的人，自然就不被需要。他试图努力在会议中引出最好创意的做法，在其他场合也经常能看到。

比如在一次会议上，一位女员工使用 PowerPoint 向管理层进行讲解的时候，差不多放映到第四张幻灯片时，乔布斯突然插了一句话："行了，讲解到此为止，你可以出去了。"

虽然还有很多内容没有讲，但她只能红着脸收拾了讲解材料，在乔布斯和参会者的注视下离开了房间。在这中间，乔布斯没有说任何一句慰劳她的话，也没有对讲解进行评论，就像没有发生过什么一样直接进入了新的议题讨论。

通常，为了不让讲解者为难或不让下属的努力白费，或者仅仅是不想留下矛盾点的话，是不会在讲解刚开始就打断并让人中途离席的。但是，从利用有限时间以得到最大收益的角度考虑，他的这种工作方式却是最合理的。不浪费时间而进入下一个议题，将时间用在讨论上其实更有价值。

在日本的"工作方式改革"中，也曾倡导过缩短会议时间并减少会议次数，如果能采用乔布斯这种将无用的幻灯片说明当场终止的方式的话，我相信一定会获得飞跃性的成果。话虽如此，但对于像我们这些没有乔布斯这种强迫观念的普通人，这其实不太容易做到。也正因如此，市面上有各种各样的书和视频在推荐比宣讲更有效率的工作方法。在外资企业的会议上，会经常听到督促叙述结论和要点的点评，不过在最近的日本企业中，感觉直接总结重点进行演讲的人也变多了。

乔布斯作为一个意志坚定的破坏性创新者，对于那些在创新性事物的创造上使出全部精力的人，他会以毫不留情的多次否定他们作为自己的信条。可能也出于这个原因，在很多有关他的艺术作品里，乔布斯都被刻画成了一个自以为是的家伙。

乔布斯的这种执着的热情看起来的确是一种偏执。但是，他强烈的信念从背后强有力地推动着怀惴不安、恐惧和犹豫不前的我们去充满自信地前进。这是因为乔布斯绝不是一个中途放弃的人。

刚开始我对乔布斯的回归感到不安，但我从他为了创造出最高水平的产品而全心投入的姿态中并没有看到迷茫。他的决心十分纯粹，充满了"不会只以口号而告终"的意志。

在体验了乔布斯风格的会议后，我的笔记本在开会时的含义发生了变化。与乔布斯同席的会议上我肯定不会拿出笔记本，而在他不出席的会议上，我便会思考着如何把那些可以作为焦点的东西与讨论关联起来，并将灵感用思维导图的形式画下来，不再单纯记录会上讨论的东西。有时在一页纸的正中间，除锯齿状的对白框外，只写着一句"sound arbeit"（将想法精练了的句子，无实意）。

▥ 融合创造性的三个要点

全球市场营传会议是乔布斯和集团全体参加的会议，主要讨论苹果发展战略和重要的实施策略。与具体活动和项目详细内容有关的议题则由各个团队的负责人按各自的日程召开单独会议来进行，为了能够讨论与调整，基本上成员们每个月都会在库比蒂诺碰一次面。

成员们每次出差都会在库比蒂诺停留差不多一个星期，但在开展 Macworld 时需要进行宣传或者讨论特别议题的时候，也会根据内容的不同去往旧金山、纽约、巴黎、新加坡等不同的城市。库比蒂诺每次都会派出在乔布斯旗下管理全球市场营传团队的总监、宣传干事、活动负责人、广告负责人、专栏及其他负责人、网络相关负责人参加会议。有时根据议题需要，产品营销的领导菲尔·西拉和负责设计的乔纳森·艾维也会参加，以产品推广为目的而让苹果产品在电影中登场的焦点营销负责人也会在会议中露脸。另外，不是苹果员工的 Chiat/Day 的工作人员和负责专栏制作的 CKS 负责人也是这个团队的正式成员。在品牌讨论会上，李·克劳会经常露面。在这里各个层级的市场营传负责人都会以正式成员的身份出席。

虽然负责的课题和任务不同，个人的背景和性格也有所不同，但我觉得大家不只是去完成苹果分配给自己的工作，而是在各自的领域中，都怀有与制造"最高水平的产品"这个核心理念相关联的使命感。有时大家会因为提出或被提出"不讲理"的要求而产生冲突，但如果从颠覆以往的做法来考虑的话，这一切都是理所当然的。

如何在突破性创新的时代中生存呢？在突破性创新中该成为被作用者还是起作用者？如果想要团队成员在创新中成为起作用者而相融合的话，那就需要注意以下三个要点：

◆ 将创造力和强迫观念最大化；

◆ 扩大认同感，将反对者变成伙伴；

◆ 集中力量使冲击力达到极限。

这三条并不是作为指导方针制定的，这是被破坏性创新卷入其中，使得原本站在被作用一侧的我在加入团队中变成起作用一侧时的感受。团队里参与到项目中的员工，包括我，都在苹果所提出的"完美"理念中磨炼，在被"非同凡想"所激励出的使命感中得到锻炼，这些都成为我们各自行动和思考的基础框架。而且，在之后的经历中，思

其必须达成的强迫观念。也正是这个观念，驱使着他们去执行破坏性创新者的行动。

说到创新，人们经常会将"2：6：2法则"引为例证。这个法则讲到，即使聚集优秀的人才形成了组织，但最后成为积极的变革推动力的只有两成，剩下的六成左右摇摆，他们可能会成为支持的一方也可能成为会抵抗势力，而剩下的两成则会变成强烈的反对者。

苹果的特征就是从以前开始就有一群对于科技和品牌的狂热支持者，但另一方面也催生了对应的仇视者。虽然也存在如何克服抵抗势力的变革论，但在苹果的创新中，克服这种抵抗势力的关键依然是强迫观念。

推进创新者所创造出的"最高水平的东西"是谁都无法忽视的，它作为与促使人类前进的要义所产生出的共鸣推动着人们的行动。通过共鸣赢得的支援，比通过说服和交涉得到的更有力。对于那些强烈反对的、抱有反对意见和思考方法的人，如果洞察并发掘他们想法的话，有时可能会在其思想、价值观处找到共鸣。

当那些互相对峙的人转化成伙伴后，可以成为比任何人都可靠的拥护者和支持者。我不仅在苹果工作时有这种感觉，在其他地方工作时也感受到了这一点。

不管是谁都会在反对者面前有所退缩，但对方也抱有某种使命感，如果真挚地去面对的话其实是可以找到相互妥协的交叉点，这是在创新的过程中应当掌握的要领。

"要爱你的敌人，也要爱你不爱的人"，这句话正是一种终极的创新。

3．集中力量使冲击力达到极限

埃尔瓦斯说，乔布斯通过苹果的破坏性创新，很好地解决了克里斯坦森教授抛给全世界的"创新者的窘境"的问题。能将之变成可能，是因为他调转了利益与开发的优先顺序，进而把精力集中到了产品（科技）上。

乔布斯的观点是十分缜密的，他思考和行动的格局正如"在宇宙中留下痕迹"这句话所说，是相当宏伟的。在列举苹果的优点时，很容易被其外在的设计和品牌形象所吸引，乔布斯纠结的点被细致地设计在了最小的地方，破坏性创新并非是要歪曲现实的存在，而是要用纳米级的精度来创造新事物。

乔布斯看上去傲慢而且以自我为中心，这也许是因为他的思考已经超越了大多数人类的认知，同时他还把自己的创新意志传达给周围的人，并使之在每个人的心中发酵膨胀。与破坏性创新直接关联的员工、经销商、编程人员、供应商，以及将产品和科技作为工具让自己的创造力结出果实的用户都被包含其中。

总体来说，有意识地去思考上述三点而展开行动的话，就可以作为完美的破坏性创新者站在起作用的一侧。我希望结果是这样，但遗憾的是这并非易事。

我自己虽然属于苹果破坏性创新团队的一员，但在破坏性创新中也并不是总处在起作用的一侧，而且也并没有很好地做到这三点。不只是我自己，苹果也是一样的。苹果在重启后，接连进行了 iPod、iPhone、iPad 等令人瞩目的创新，成长为一个举世瞩目的高科技企业。但是，就算这样，它在发展过程中也遭遇过许多的考验（后面会讲到，iPhone 4 的天线问题就是其中之一）。

也就是说，无论多成功的企业和人，都永远不可能摆脱考验。正因如此，破坏性创新的法则，才是人生的宝贵财富。

所以，这三个要点虽然要作为目标努力，而在需要

（在运动中）维持快要失去的平衡，或在想找回平衡时，也可以将它们作为支点和基轴来考虑。在以自己该有的姿态为目标前进时，它们可以成为在你失去平衡、丧失自信选择妥协、遇到抵抗面临放弃等情况下使用的陀螺仪传感器。

柔和地加强执念

最后，想要在破坏性创新中生存，有一件事是必须要做的，那就是一定要与拥有高超领导能力的前瞻者真心交流。

与乔布斯共事，有时会被毫不留情的激烈言语所淹没，其实不只是乔布斯，擅长破坏性创新的领导者的性格大多如此。

乔布斯有时候会不理智而激烈地责问对方，但他的这种行为只是被想要制造"最高水平的产品"这个愿望所驱使，这就是强迫观念。一旦抱有强迫观念，那么不管是睡着还是醒着，都很难从中脱身。比起吃饭或做其他任何事，优先处理的永远是最渴望取得成果的事情。

这时如果出现了没有创意的提案，或者看到对遗留无法彻底割舍的状况，乔布斯就会忍不住爆发。他绝对是一个不完美的人，也有缺点和弱点。蒂姆·库克、乔纳森·伊维以及 Chiat/Day 的成员等这些长期在乔布斯身边工作的人们都曾有过被置于残酷境况中的经历。

在这时就必须告诫自己，这些都是为了制造最好的产品的过分表现。领导者常处于一个孤独的立场，他们需要可信赖的拥护者的支持。那些在有着极端热情的领导者手下工作的人，要想在破坏性创新中立于不败之地，就要能接受这一点。胸怀大义，善于整理情绪去面对困境的精神力量是必须要掌握的另一种特质。

本章小结

不记笔记。将注意力集中在获得灵感上去参加会议，同时展开讨论。笔记本比起用作记录，更适于写下迸发的灵感和可以使其发光的创意。对无用的幻灯片讲解要当即终止。

认可对峙。找出强烈的反对者，倾听他的想法。挖掘对立性思想，播下协作的种子。如果与抵抗势力中有强烈意见的反对者交换想法的话很可能会找到共通之处。

世界上没有完美的人。不以 100 分为目标，给考 70 分的自己送上赞美。

以"禅心"面对问题。磨炼用幽默来看开人生的肚量。无论多么成功的企业和人，都不能摆脱问题和考验。幽默也是构成创新的一个重要元素。

每周留出一点时间，加深与家人和朋友的关系，当然也可以与意气相投的伙伴展开工作之外的交流。

第 **5** 章

热情的强迫观念

超越时空传承的视野

不知你是否听过一则《三个砖瓦匠》的寓言故事。

一个旅人遇到了正在砌砖的三个匠人，他问："你们在这里干什么？"

第一个人回答说："我在砌砖。"他流露出对辛苦工作的不满。

第二个人回答说："我在建造一面墙。"他很高兴有这份工作来养活家人。

第三个人回答说："我在建造一座可以留名史册的伟大圣堂啊！"他期待着未来有许多人可以在这里祈福。

在苹果公司让人印象深刻的，并不是大家将工作当成任务，而是将其作为各自心中的"大圣堂"来进行"创造"。虽然这只是我的个人感受，但我的工作环境被由他们手中的笔和心中的热爱所描绘出的绝美风景所环绕，每个人都弹出了心中那曲对"大圣堂"美妙幻想的设计变奏。我在接触他们所描绘的事物后，感觉自己的灵感也如泉涌一般涓流不息。

对于那些负责市场营传机能的部门来说，将新开发上市的产品或技术用各种宣传或广告等方式进行营销，从工作职责上来说是理所当然的。这是因为只有给这些新产品的使用方法、功能和设计特征中植入相关故事和背景信息后，才能在之后的新闻发布会、店头 POP（卖点广告，Point Of Purchase）、宣传画和广告等地方所使用的资料和作品中完成整体的营传工作。在这个过程中，会自然地反映出与之相关的从业者和创作者的感性与创造性，这种情况并非苹果固有，在其他企业的日常营传工作中也同样存在。

但是，我认为苹果的特别之处在于，公司中从事其他业务的人也同样有着这种创造性的思想。他们在日常工作中能够将各自具有的感性和创造性扩大，同时思考将两者结合后产生的全新效果，这让人感到非常惊喜。更特别的是，这种情况不只是苹果的员工独有，在其经销商、生产商还有用户等中同样存在。而且，甚至有时会觉得经销商和用户的这种感觉更为强烈。

我在苹果最初从事的是辅助开发程序及配套设备的编程工作，有时会和编程者共同拓展市场，参加世界各地的展会和宣传活动。我会在苹果的展台上进行讲解，给到场的人进行详细说明，所以跟集团用户和普通用户接触的机会较多。

所到之处能遇到有着各种背景的人，他们的年龄、国籍、性别、语言、文化各不相同，从事的职业也是各种各样。这些人的心中都存在着一座"圣堂"，所以即使第一次见面，在谈到产品和科技以及从中产生的作品和创造产物的话题时，一下子就会变成像老相识一般。

我认为这种"圣堂"式的共鸣是从乔布斯和他的伙伴沃兹尼亚克在创立苹果电脑公司时所确立的理念中成型的。

苹果创立的希冀是"Changing the world，one person at a time"（改变世界，从每一个人开始）。通过苹果所创造的产品来扩展人的能力范围，使其向周围传播，从而逐渐改变世界。它并不是用巨大的瞬时冲击波来破坏世界的，世界也并非一下子就会因它改变。

▣ 给混沌中射入觉醒的光

另一个能将热情的强迫观念简单易懂地表现出来的是"Wheels for the mind（智能自行车）"。智能自行车是在 Macintosh 的初期广告和宣传册的插图中登场的，它描绘的是车架上绑着 Macintosh 飞驰的画面。

自行车利用人力驱使，使快速舒适地到达目的地成为可能。对于乔布斯来说，科技就如同自行车。科技不是要成为替代人类的东西，而是要激发人类的创造力，使之扩展，科技是为了能够快速舒适地完成想制作的东西和实现想做的事情的一种工具。这种思考方法是苹果的灵魂，这一点从苹果创立到市值超过 1 万亿美元从来没有改变。

值得一提，在 1995 年的采访《史蒂夫·乔布斯：遗失的访谈》中，乔布斯谈到了这个自行车比喻的由来，其实和他幼时读过的《科学美国人》杂志的一篇文章有关。这篇文章中对动物的移动效率进行了比较，对熊、大猩猩、浣熊、鸟类、鱼类、人类移动 1 千米所消耗的能量分别进行计测，其中秃鹰的移动效率最为优秀，但即使如此也无法同骑自行车的人类的移动效率相比。读了这篇文章的乔布斯获得了这样的灵感：如果人类能够掌握工具（科技），就能够戏剧性地扩展人类与生俱来的能力。

但是，在他回归苹果时，发现苹果已经失去了发展目标，常年陷入泥沼的结果就是被市场、分析家、投资家以及部分员工所抛弃。在这种情况下，乔布斯认为，回到原点，让公司内外重新认识"苹果到底是一个什么样的企业"是十分必要的。

"我们自己到底是什么人？为了什么而存在？"

而后，"非同凡想"的广告再次向世界展示了苹果的初心和理念。高调地宣布了在各个领域为改变世界的人们提供工具是苹果的使命。乔布斯在 2010 年 1 月首款 iPad 发布时，谈到苹果的定位时说："苹果处于科技、人文社会与自然学科的交叉点上。"2011 年 3 月，在 iPad2 的特别宣传活动中，他再次提道："将科技和人的能力相融合是苹果的 DNA。"

真正的破坏性创新，并不是胡乱地去破坏原有的东西。乔布斯在回到苹果后给我们下达的指示起初让人觉得毫无道理，感觉世界都要崩塌了。但是静下心来放开眼界后，就会逐渐明白为了实现目标，无论哪个指示都是不可缺少而且合情合理的。

领导者在组织中，要很好地把握稍有不慎就会失去的视野和方向，要用一种大局观的见地和优先度来大胆地达到目标。与此同时，如果不回到原点建立坚定的基轴，就不可能在破坏性创新中生存下来。

图形化理念使人类前进

苹果恢复正常运转后，成为其基轴的"科技是增加人类能力的工具"这一目标，准确地反映在苹果开发的软件和硬件上。

为了印证上面的论述，如果我们把 iPad 递给还不会说话的两岁孩子，他会自己登上视频网站去播放想看的动画片。想画画时他会自己打开应用程序，也会变换笔和颜色进行创作。他完全没有必要考虑想搜索的东西以什么格式保存在什么地方，或者通过哪个网络接收信号等问题。

让从来没有接触过平板电脑的祖父们来看，他们会觉得自己的孙子简直就是"奇迹之子"，但很遗憾并不是这样。苹果产品的"直观性用户界面"的简洁度是其他产品所不能比拟的，超越期待才是真正被实现了的奇迹。

原本苹果从创立时就是一个硬件和操作系统都自己开发的"少数派"企业。要实现这点绝非易事。为了让千万人能够熟练使用"智能自行车"成为现实，硬件和软件都必须处于一个较高的开发水平。

苹果所追求的"直观与简单的使用方法"被明确体系化是从 1987 年出版的《iOS 人机界面指导手册》（*iOS Human Interface Guidelines*）开始的，它是为那些开发 Macintosh 所使用的软件和硬件设备的开发者所编写的，总结了苹果产品设计上的指导原则，包括美、一致性、直接控制、反馈、暗喻和用户控制。

在 Macintosh 诞生前的电脑使用的是 CUI（命令行用户交互，Command User Interface），屏幕上不显示任何图画，是一种光标闪烁着等待文字指令输入的状态。想移动文件的话，需要在指令后按顺序输入文件名、保存地址以及想移动去的地方才能进行操作。转变成 GUI（图形用户界面，Graphical User Interface）的环境后，只需将出现在显示屏上的目的物（图标）进行直接移动就可以了。

图标利用人们日常使用的物体来做比喻，在桌面上用桌面、文件夹、档案、垃圾箱等图标来表示。用户无须再记烦琐指令和操作，在桌面上可以直接进行点选、打开、移动等操作。

CUI 时代的应用程序，由于界面和操作没有统一，常会出现因为应用程序的不同导致同样的功能被分配到不同的键的情况。在搭载了 GUI 的 Macintosh 问世之后，操作系统与应用程序的基本功能和操作得到了统一，即使没有计算机知识的人也能够以一种直观方式去自由操作，人们可以将精力集中在自己所创造的东西上的这种环境得以形成。

到了今天，使用计算机的 GUI 已经成为一种常识，但为其奠定基础的正是这个指导手册。其中规定的人机界面的存在方式原则在现在的 iOS 中也被继承并深化。

在计算机发展史中虽然有过几次创新，但如果没有这个指导原则，可能就不会有计算机与人类创造性和感性的融合了吧。直到最近才得到很大关注的设计思考方式和结构，在 30 多年前就已经体系化并付诸实践是十分令人震惊的。我觉得这种"设计"所带来的创新，在推动人类前进这一点上所作出的贡献，不逊色于任何获得了诺贝尔奖的发现。

▣ 人类的不完美不能被数值化

如今，信息技术得到了更加长远的发展，世界也发生了很多变化。有人认为在不远的将来（也有说 2045 年），如果达到了科技发展的某个特殊的点，AI 会超过人类的智能，计算机可以解决所有问题而取代人类成为文明进步的主角。

在几年前，计算机通过机器学习，用艺术家的技法画出了再现其精巧笔触的绘画作品，这件事引起了社会极大关注，但其实这并不意味着计算机已经学到了艺术家的感性和创造性。

认为人类的行为和思维都可以用计算机运算来替代的这种想法是十分危险的。在此之前我曾担心过，并非 AI 会变得聪明到可以替换人类，而是过于相信科技的企业会不会把用人岗位都给裁掉。

随着近年来信息化的推进，人们的生活方式发生了很大的变化，很多企业运用互联网和社交网络开展了针对"个体"的市场营传活动。然而他们并非是在实体店中开展打动人心的营销，而是以登载了数字广告的互联网平台为目标费尽心思地去考虑如何施展运营策略。

购物不去实体店而选择在线购买的情况越来越多，这是因为消费者在搜索了商品后，AI 会通过机器学习，从购买痕迹和评价中向用户优先推荐其有意购买的品牌、商品与服务。这样一来，人类就好像是在揣摩着计算机中 AI 情绪的同时静待着吩咐，让人觉得人类和科技的关系好像又倒退回了 CUI 时代。

原本制造出 AI 的就是人类，所以 AI 只会按照人类设定的方式来思考。AI 通过在很多作业和程序中实现自动化来帮助人类，但这真的就能填补人类的不完美吗？

乔布斯说，在科技、人文社会和自然科学及人性相融合时，会诞生出让心灵跳跃的东西。我期望的从破坏性创新中产生的东西，应该是超越了计算机运算所能重现的那些合理的部分，即由"智能自行车"使人的感性和喜悦得到更大程度提升的东西。

创新和强迫观念的关系

苹果的强项在于将硬件和软件合为一体来提高用户体

验。在这种体验设计中，随处可见贯穿其中的执着追求。但是，如果超过了执着发展到喜欢到发疯的地步，即成为强迫观念去驱使人的状况时，就会出现很多棘手的问题。

为什么这么说？这是因为强迫观念在作为强有力的原动力的同时，也会变成一把双刃剑，既能制造出狂热的支持者，也会生出混乱和冲突，招致许多的"敌人"（hater）。这就是"非同凡想"广告中所强调的，往方孔中打入圆柱形木桩的状况。

比如，在 MacOS 9 之前的版本中，将文件放入垃圾箱时，垃圾箱的图标会鼓一下。对于这种功能，很多商业用户出现了抗拒反应，他们认为这是在 OS 中编入的没有意义的"消遣"，Macintosh 成了拥有许多没用东西的玩具。在性能方面，由于是在 GUI 中使用计算机资源，Macintosh 在基准测试中处理速度慢于微软计算机，这一结果也在媒体和用户中盛传。其结果就是，对于苹果和苹果用户表现出不加掩饰的厌恶和敌视的人不在少数。

这种强迫观念带来创新的情况不仅在商业界中存在，在其他行业也很常见。尤其在感性占较大比例的艺术领域更多，在古典音乐界也出现了新形式的破坏性创新。

以崭新的作曲技法打开了通向 20 世纪音乐大门的克劳德·德彪西可以说是一个很好的例子。他的愿望是创作"让耳朵舒适的音乐"。在贝多芬和瓦格纳所代表的德国古典交响乐作为主流的当时，他打破了以往的禁忌，融合各种各样的音乐形式创作出了全新韵律的音乐。德彪西为音乐界带来了巨大的创新，但他的功绩却被无情地置于各种各样的批判中，之后被迫选择了隐居。

在音乐界最前线斗争的德彪西，在他的音乐中加入了使用切分音的拉格泰姆音乐，他对西洋音乐、爵士乐、流行音乐以及进步摇滚乐等多种音乐形式造成了影响。也对乔治·格什温、史蒂夫·莱希、埃林顿公爵、迈尔斯·戴维斯、哈比·汉考克、平克·弗洛伊德、Yes 乐队、EmersonLake&Palmer 等独立音乐人或团体带来了各种影响。

欧美音乐界的创新发展比较迅速，遗憾的是在日本这种原创却比较少。但是近年来，在日本音乐界旗帜鲜明地反映创新和强迫观念关系性的现象令人瞩目，这都是 BABYMETAL 和拥护它的社会团体带来的。它的冲击力十分巨大，带来了日本人鲜见的对于世界标准的破坏性创新。

🗐 拒绝反应是规范的启示

BABYMETAL 是 2010 年以"偶像与金属的融合"为理念，由 3 名十几岁的女孩组成的重金属舞蹈组合。从 2014 年，她们与作为背景乐队的"神乐队"开始了跨越欧洲、北美、日本的世界巡回演出。

重金属是从硬派摇滚中派生的一种流派，它通过强调吉他的变音和急速鼓点的演奏方式，以及包含抵抗社会与暗含攻击性主题和歌词的乐曲，收获了其特有的拥护者。在沉重阴郁的氛围里，女孩们用清澈且富有穿透力的歌声和浑身充满能量且流畅的舞蹈，为人们展示出终将到来的充满光明的未来，这就是对于日本音乐界的破坏性创新。

拥有高超演奏技能和表现力的神乐队用充满力量的演奏增强了她们的演唱效果，在带来天真无邪、积极向上的歌曲的同时，她们也将从流行音乐到童谣的所有流派的音乐与重金属融合起来。这种打破演唱禁忌所构成的音乐，颠覆了被过去的框架所束缚的音乐拥护者的一切想象，它不理睬那些充满怀疑的观众的抗拒感，将音乐水准升华到新的领域，在摇滚、重金属与流行音乐上确立了新的流派。她们用日语演唱的歌曲，瞬间在欧美国家流行开来，并以反向输入的形式在日本也实现了强劲势头的扩张。

但另一方面，由于这种音乐破坏了一直以来演唱表演的概念和形式，故而招致了特别是欧美"传统的"重金属爱好者们的反感、拒绝甚至是攻击。

但是，BABYMETAL 的制作人、组合成员以及编舞师和作曲家并没有畏缩，他们跟随着自己的强迫观念，孜孜不倦地融合着欧美和亚洲各个国家和地区的音乐，然后让反对者们变成绝对的拥护者。她们 2019 年所发行的专辑，由于其高度的音乐性，以第 13 名的成绩进入了美国"公告牌"（Billboard）的专辑综合排名榜单，在时隔 56 年之后刷新了 1969 年由坂本九在 Billboard 上创造的纪录，在英国流行音乐榜上也取得了第 10 名的好成绩。

打破以往熟悉的"框架"的禁忌行为会招之反抗和怀疑，与之遭遇的人会明确地分成强有力的支持者与强烈的反对者两部分。对于"非同凡想"的广告，有人被他们的言语打动，有人反对，有人称赞，也有人贬低，对它的各种评价自然是交叠的。

　　然而，从"非同凡想"、德彪西、BABYMETAL 身上所看到的破坏性创新，其本身的冲击力虽然很大，但却不会存在由"破坏"联想到的，为了尽力压制、排除抵抗势力和反对者的威胁而带来的悲壮感或者恐惧等负面信息。让抵抗者的情绪缓和下来，再让反对者变成拥护者，然后将其转化成支持者，继而不断扩大影响力。强迫观念将"这样的搭配没法接受"的拒绝思维向"竟然会诞生出这么美好的世界"的新规范引导，它是将突破升华到创新的原动力。

　　这是一种全心投入，在推动人类进步以改变世界的事业中倾注自己的才能和心血，进而形成创造最高水平产品的信念。这可以说是"非同凡想"中乔布斯以及"疯狂的人们"，还有实现了各自理想的人的共有特质。

抗拒反应指数比 KPI 更重要

　　日本经济新闻和日本一桥大学创新研究中心用创新指数对日本国内外 320 家公司的企业竞争力进行了调查。彭博新闻社也发表了彭博创新指数的排名，根据 2020 年版，以几十个基准对世界各国及地区进行分析后，结果显示日本已经倒退到了前 10 名外。另外根据 WIPO（世界知识产权组织，World Intellectual Property Organization）与美国康奈尔大学和欧洲工商管理学院所整理的《2020 年全球创新指数》报告，日本从 2019 年度的第 13 名倒退到了第 15 名，着实令人遗憾。

日本的文化和传统艺术在世界历史上曾有过极大的破坏性创新，而且这种影响在近年来得到了进一步扩大。但这些都没有得到积极的评价，让人非常不甘心。

比如，日语在全世界的使用人数很少，但对于动漫迷来说却有着很大的影响力，出现了许多外国人为了观看动漫而学习日语的现象（这种学习语言的动机很少见），这彰显了日本文化所具有的不可估量的影响力。以寿司和拉面为代表的日本饮食的广泛流行也有让人吃惊的文化传播因素在。

在以前完全拒绝食用生鱼的欧美饮食文化中，寿司却空前流行起来。乔布斯本人原本是素食主义者，但却特别喜欢寿司，在他回归苹果后，苹果的自助餐厅里经常摆放着寿司。以凯蒂·克顿为代表的全球市场营传团队的女性们在忙碌的时候，经常拿着装有寿司的塑料容器边吃午餐边开会。

从以前开始，日本的武士道和禅心文化就为世人所瞩目。经过不断发展，通过喜爱日本"异国情趣"的人们而扩展开来的"日本风情"完成了世代更替，拥有敏锐感性的千禧世代（不论国籍、语言、性别）成为核心拥护者，对于日本文化的喜爱进化成了一种强迫观念。

如今，日本正处在以这种精神文化为核心，用新的破坏性创新去席卷世界的时期。

虽然日本的创新指数排名一直在下降，但无论在哪个指标中，类似于感性及强迫观念这种文化性的基准都不被重视，这一点让人十分在意。另外，最初表现出抗拒的反对者转变成拥护者的状况，也应该是在破坏性创新中最值得留意的要素。这样考虑的话，在已经成为破坏性创新时代的今天，作为评测新的破坏性创新程度的指标"抗拒反应指数"或许会被加速导入评价系统。

本章小结

　　以强迫观念作为自己的个性。不管睡着还是醒着都将强迫观念装在脑子里,将可以潜心从事的东西作为自己的"圣堂",进而从强迫观念中产生新目标和创新灵感。

　　不陷入对科技的盲目信奉。将科技作为工具,以感性和创造性凌驾于 AI 之上。

　　将强迫观念发挥到极致,相信(超越五感的)灵感。不能过度相信机器学习会凌驾于人的智慧,即使 AI 能够完善人的能力也不要期待它会超越人类。

　　抗拒反应指数优先于 KPI。丢弃对"SMART"模式的迷信,以抗拒反应指数来衡量破坏性创新。依靠数值的"客观性"会让人重蹈错认真理的覆辙。把不可能的搭配转换成让心灵跳跃的美好创造物的破坏性创新的尺度,是以感性和灵感为基准的。

第 **6** 章

找到可信赖伙伴
的方法

成功需要伙伴和社会团体的支持

乔布斯经常在几千人面前进行企划宣讲，精彩地穿插些新科技介绍和产品展示，会场中欢声不断，人们为乔布斯起立鼓掌的情况屡见不鲜。

但乔布斯并不是一个喜欢独占功劳的人。他多次在台上直接对员工表明感谢。在电视和杂志的采访中他也说过，在苹果所实现的破坏性创新的背后，是抱着执着和热情投身于工作的员工，能被这样的员工所支持，他感觉无比欣慰。为了慰劳和表扬在 Macworld 讲演时废寝忘食做准备的 TBWA（全球最大的广告传播集团 Omnicom 的子公司）的员工，乔布斯往往会安排他们在特别席入座。他也会将广告商的员工视为重要的团队成员，为他们准备正中间的前排特等席，这种位置通常是为重要的媒体准备的。

引领创新的可能只有一个人，但如果想要播下火种，将它变成燎原之火式地伟大创新的话，这就需要伙伴的支持了。苹果之所以能进行破坏性创新，让品牌和事业得到重生并获得成长，正是因为创新者们在乔布斯的领导下围绕着苹果形成了一种独特的文化并集结成了一个强有力的社会团体。

苹果能够从死亡深渊中爬上来的另外一个重要原因，就是有从黎明期开始一直支持着苹果的有着敏锐感性的狂热用户。在苹果被逼入困境时，这些用户就会挺身而出，这种情况是其他企业很难效仿的。不过正因为有着这种狂热的粉丝文化，所以苹果一直被揶揄"像一种信仰"。但是这其实不限于苹果，在其他拥有较强凝聚力的"家族式"企业文化的组织中也有同样的状况。以我个人的经验而言，麦当劳是如此，我朋友所在的猎头公司也是一样。这类公司的下属成员能够分享相同的价值观和所设定的目标，这是一种比较理想的企业文化。

在这其中，苹果的独特之处在于用户的强迫观念十分出众。具有象征性的例子出现在针对 iPhone 4 的天线缺陷而举行的道歉会上。大家如果在网上看过这次道歉会的视频的话就知道，在正式的道歉会开始前不到 2 分钟的时候现场播放了一段音乐视频。

　　制作这段音乐视频的人是和苹果没有雇佣关系也没有生意往来的一个普通用户，他叫杰纳森·曼。他是一位音乐专业的研究生，他凭借自己的音乐才能每天在 YouTube 上上传自己创作的音乐。曼作为苹果的忠实粉丝，对于 iphone 4 的天线缺陷被夸张报道感到十分反感，于是他创作了这首叫作"天线门之歌"的乐曲。

　　　媒体在吵闹

　　　对，就是 iPhone 4 的烂天线

　　　当你用"死亡之握"，通话就会断掉

　　　媒体就爱看人出丑

　　　特别是好产品多的公司

　　　事实永远不重要

　　　只要事情越大越好

　　　我有了一个好主意

　　　嘿，大家一起唱这首歌

　　　如果你不喜欢 iPhone 4 那就别买

　　　如果买了不喜欢就退货

　　　如果你不喜欢 iPhone 4 那就别买

如果买了不喜欢就退货

（重复）

但是，你怎么舍得退掉呢

在这个视频放完后，乔布斯用轻快的脚步上台，一开口就说："今天早上，我在 YouTube 上看到了这个，我想一定要和大家分享。"他的这句话引起了会场的笑声，随后他掌握了道歉会的主导权。用相扑比赛来举例的话，这个视频就像是赛前很好地摆出了蹲踞姿势。对于乔布斯来说，看了这个视频后他明白用户是站在自己这一边的，这毫无疑问增强了他的信心。

普及理念的布道师

在如今的 IT 企业里，拥有"布道师"已经不是一件稀奇的事了，苹果则是最早导入这个制度的公司。为了增加 1984 年推出的 Macintosh 中可使用的应用程序软件，苹果在内部设立了对开发者的"启蒙"和活动进行支援的职位，所给予的头衔正是"布道师"。布道师负责"商务""教育"等多个错综复杂的领域，说服开发者开发 Macintosh 可使用的第三方产品，并共同开展市场营销活动。

他们遵从苹果的经营理念，被托付着作为"布道师"去引导出可以改变世界的创造。他们的工作不会被用户和媒体所关注，但他们在苹果所实现的众多破坏性创新中起到了强有力的推动作用。

其中比较有名的是苹果第一代布道师盖伊·川崎。他在和开发者们谈话时，曾引用了19世纪的罗马尼亚雕刻家康斯坦丁·布朗库西所说的话："像神一样创造，像国王一样发号施令，像奴隶一样工作。"

虽然最后一句放在如今正在推进工作方式改革的日本来说并不那么贴切，但他想表达的是，开发者们作为肩负创造新世界重任的人，应当时时刻刻、废寝忘食地为开发埋头苦干，这也正是乔布斯创造新产品的真实心态。

在"启蒙"了苹果从上至下所追求的"科技与人的融合"的布道师中，有一位叫布鲁斯·托格纳奇尼的人。他是苹果的人机界面指导原则的设计者之一，也是《人机界面指导手册》的执笔者。

在每年有数千位开发者参加的苹果开发者大会上，他拥有解说人机界面的单独时段。布鲁斯是一个演讲的天才，每次都能在会场带起笑声的旋涡（起初我以为他是作为 Mac 爱好者被叫来助兴的艺人）。布鲁斯讲解的关于科技如何拓展人类创造性的话语，激发出了开发者们改变世界的热情和想象力。

除他之外，20 世纪 90 年代还有相当多的苹果布道师开展过活动，其中以计算机科学专业的科技型员工居多，拥有工商管理硕士（MBA）资格的人也不在少数。给我留下印象最深的是菲利普·伊巴尼埃，他是一个天生的程序设计师。

他在 20 世纪 90 年代为了支持具有彩色功能的 Macintosh LC 的发售，曾协助过一位名叫克雷格·希克曼的开发者，并与他一起工作。希克曼是一名 3 岁男孩的父亲，他的孩子对 Macintosh 中自带的绘画软件 MacPaint 很感兴趣，所以他曾以此为契机，制作过供孩子们使用的绘画软件。于是菲利普鼓励他推出可供人们享受彩色作画体验的软件。

苹果布道师的支援方式形形色色，菲利普的方法是频繁地拜访希克曼，同时在技术上进行入门指导，有时候还会代替他亲自编程。就这样他们完成了当时的"杀手软件"——彩色功能的 Kid Pix。在这个软件中，画线的时候会发出"咯吱咯吱"的效果音，还可以使用炸药工具代替橡皮把画瞬间炸飞，在日本的 Macworld 展示时，从小孩到大人，大家面带微笑操作 Macintosh 的场景至今还历历在目。正是这样的开发者，为苹果的科技和产品赋予了生命力。

苹果与开发者之间没有资本关系。他们开发的应用程序和解决方案也并不是苹果所发出的业务委托。日本的制造商一般是将灵活使用了新科技的创新性解决方案通过业务委托方式请开发公司进行开发，然而这其中不会出现超出规定的创新，开发公司也不会进行超出预算的投资。

在与创新相关的事物中，和对科技抱有纯粹的强迫观念和视野的商业伙伴进行协作互动，可以说是最有效果的。

▣ 落败者的力量

乔布斯回归时的苹果只能算一个"夹缝玩家"，苹果的强项在于从业人员所拥有的强迫观念以及 Macintosh 所带来的使用体验。参与工作的开发者及用户作为狂热的支持者在不同领域使用苹果的产品和技术，发挥他们的创造性制作出的应用程序，造就了苹果这种独一无二的体验感。

如今的苹果虽然已经成了科技公司中的"主流玩家"，但苹果一直以来都是"落败者"（underdog）。"落败者"是在苹果总部和工作人员一起开会时经常可以听到的词，也是杂志和网络中提到苹果时经常会用到的词。

"underdog"本意是"落败之犬"，但实际上，在苹果内部的对话中以及一些文章里所传递出的并不是一种否定，而是积极的含义。这个词在英语圈的新闻中作为标题使用时，大多数是用在人们并不看好的选手出乎预料地在比赛中获胜的场合上。但是在苹果内部经常听到这个词却有着更加深刻的含义。

的确 underdog 处于"落败之犬"的境遇，但其中也有一种自身怀有信念，要突飞猛进的气概。即使失败的成绩十分显眼，输多胜少，也不会轻言放弃。

underdog 的另一个特征是，他的周围有可以看到他隐藏的实力同时相信他的才能且支持他的人，这就是我听到这个词时所感受到的含义。

在困境中喘息的苹果被媒体激烈责备的时候，我和那些继续脚踏实地进行开发工作的开发者以及一直在使用苹果产品的用户们见面时，underdog 这个称呼又一次在我的脑海中浮现，虽然这不是一个光荣的头衔，但却让我看到了希望。我清晰地记得，在乔布斯回归后，苹果重拾往日荣光的迹象显现时，这种感觉在我心中得到了更加清晰的印证。

在欧美，人们经常会把大卫，那个用投石器投掷石块打倒巨人歌利亚的牧羊少年，引为 underdog 的例子。

如果大家对这个描述不熟悉，那应该有很多人都看过美术书中米开朗琪罗创作的大卫像吧。雕塑里的大卫，左手握着绳子状的投石器从肩膀上绕过去背在身后，右手抱着包裹在投石器里的石头。传说中，他在处于劣势的希伯来军中，与敌对的腓力斯丁人军队中最厉害的歌利亚一对一作战。扫罗王想让大卫佩上自己的铠甲和剑，但他因为不习惯使用而推辞了。随后他在牧羊人用来驱赶击退狼群的布质投石器里装上从河里捡来的石头，向歌利亚挑战。最终出乎所有人的预料，他只用一击就打倒了歌利亚。

在被业界的巨人挡住去路的状况下，苹果从劣势中难以脱身，开发者和用户们焦虑不安且无计可施。在乔布斯回归的时候，他们狂热地迎接他，觉得落败者投出制胜之石的机会终于到来了。

　　但同时，有些人虽处在同一阵营中，却在担心苹果是否真的能够奋力一战（就像最初的我），有人觉得无法想象苹果的复苏，实际上这种看法从客观上来说也是合乎道理的。如果现在回过头来看当时的状况的话，我觉得把苹果称为"落败者"是十分恰当的。我经常会想，这种落败者的要素对破坏性创新者来说也是非常重要的。

　　破坏性创新必定会受到来自抵抗势力的压力并且容易树敌，这是因为它会破坏现状，会打破以往的权力分配的局面。在进行变革时，破坏的力量一定会起作用，自然也会遭到反抗。虽然有时候可能会是一场没有胜算的战斗，但一定会有狂热的支持者在支持你。支持苹果的就是那些开发者和狂热用户们。非主流玩家的创新者若想成功，必须要满足一个条件，就是要获得忠诚支持者，哪怕他们的数量不多，也要将他们的支持转化为你前进的力量。

　　"非同凡想"是促使那些眼睛失去光辉，化作"underdog"的人们（包括苹果自身）找回拿起投石器的力量而站立起来的呐喊；是参与了改变世界的正道之战，让人类所拥有的创造力和能力得到扩展并开辟了前进道路的落败者的复活宣言；也是在苹果创立 20 多年后，向被破坏性创新所吞没、已经失去斗志的我们发出的信号。

信赖和喜爱不能共存

落败者们虽然拥有狂热的支持者，但却怀着不安徘徊在荒野之中，乔布斯怀着强烈的信念，引导他们在破坏性创新的海洋中破浪前行。肩负着"在宇宙中留下痕迹"这个使命的乔布斯，时常在职场中为激情所驱使。他的领导才能虽然得到了大家全然的信赖，但和乔布斯共事的人有一个共同的认识，那就是信赖与喜爱不一定能共存。

实际上，我也有好几次觉得自己已经和乔布斯还有他的团队无法共事了。但到最后，包括我自己在内，大家都被他这种一根筋的精神所感染，悟出了只有他可以改变世界的这个道理。类似于突然取消安排好的媒体采访，什么也不解释就让人中途离开企划讲解现场等这种瞬间让人觉得毫无道理的事，放在大局来看却是合理的，会让人觉得这些都是与推动人类进步有关的重要步骤，这真是不可思议。

当他这种不讲理的情绪涌上来时，说实话，如果不说服自己调整心情的话绝对会干不下去的，但一想到乔布斯是为了完美而努力，糟糕的心情就会立刻得到释怀。

他摆出所有的严厉姿态，都体现着想要制造最高水平的产品这一强迫观念，在对待全球市场营传团队的成员和广告代理商的员工时也是如此。虽然在工作中会有冲突，但从来没有出现过欺骗和背弃同伴的人。团队一旦抱有了相同的强迫观念，凝聚力就会非常强大。

以广告代理商身份参与到乔布斯团队中，长年与他共事的肯·西格尔，在苹果和 NeXT 也曾遭受过恶语相加，曾数次心态几近崩溃。虽然肯的提案被数次否定，但最终他还是得到了乔布斯的认可。肯善于包容他人且性格稳重，他灵活的思考方式能够很好地调整自己的情绪，但作为在自身的领域制造出最高水平的产品创造性的专业人士，肯的潜心投入和强迫观念才是能够获得这些成就的根本原因。

在商业战场中找到伙伴

破坏性创新是与战争为伴的。

我曾在数家公司就职，经历了各种业绩沉浮和经营艰难的时期，其中在苹果和日本麦当劳就职的时间最长，而且在这两家公司中都经历过很严苛的考验。苹果在 1997 年处于破产边缘，日本麦当劳则在 2015 年面临着创立以来的最大赤字。

虽然人们都想尽可能地避开风险，但在被置于困难的境况时，也会收获值得感谢的东西，对我而言，那就是在这期间找到的从心底信赖的可以成为终生挚友的人。

我在商业战场中发现那些了不起的人都有着以下特性：

◆ 帮助弥补伙伴的薄弱之处。

◆ 尽力帮助他人却不求回报。

◆ 以不后退的决心想办法打开困局。

当人遭遇危机时，你可以看清这个人真正的样子。看看在被逼入绝境时，这个人如何反应、思考和行动。无论他曾拥有怎样的地位和经历，你都可以借此看清这个人为人处事的价值观。

在直面考验时，大家会满怀不安并抱有恐惧。自己的人生和职业生涯会变成什么样？在找到这个答案之前，有的人会优先考虑别人而非自己，他们会思考为了渡过难关必须要做什么，并着眼于该如何去支持"伙伴"。

虽说共同在恐惧和痛苦中战斗，齐心协力渡过难关时，互相分享成就感是一种特别的感受，但在这种状况下找到可信赖的"伙伴"却是任何东西都不能替代的人生财富。

另一方面，在这种局面下，你也可以看清那些只做对自己有益的事情的人。人有要维护自己利益的想法是理所当然的，事实上，我自己在判断做事的优先级时，也会首先考虑自己的利益。

当然，让自己的事情处于优先级是一种合理的选择。但到回过头来看的话，会发现看似不合理的选择反而会给自己带来成长和收获。

在结交可信赖的朋友时，还有一件重要的事情需要说明，那就是你所信赖的伙伴，未必能与你合得来。我们完全可以将在情绪上对立或争吵过的人变成值得信赖的朋友。

可能我们与一些人在一起时会心神不宁，会因意见不合而激烈争吵。但是，如果去深挖这个人的思想，你会发现他是在认真地埋头苦干，你们之间必定会找到值得共同努力的东西。只要你看他的角度不是"为了面子而不想跟有争执的人交往"，那么这个人很有可能会成为你值得信赖的朋友。

那么该如何找到值得与他人共同奋斗的共通点呢？其实并不容易，有时甚至连共同奋斗的理由都找不出。这时就要遵从内心的引导，强迫观念和灵感在其中会起到重要的作用。当这种用数值无法测算的每个人的天赋集合到一起时，就会为你们所供职的企业积累一种无形的文化资产。

本章小结

在商业战场中找到伙伴。通过共同面临考验可以找到值得信赖的朋友。支持朋友们的工作，将时间和精力用在支援他们的工作上。

学会爱你的敌人。越强大的反对者，一旦成为伙伴，他就越会成为你坚实的依靠。袒露感情，去和反对者面对面。不要指望用邮件或电话就能彻底改变一个人的喜好。

不与将"面子"放在第一位作为行为方针的人共事，不要将时间浪费在去说服这种人或者试图把他们变成伙伴上。

有志向的落败者在面对各种困境时，脑海中会有创新的光芒闪耀，灵感也会降临。与有共通点的伙伴共同努力，强化企业文化，然后填平战略和执行间的沟壑。

破坏性创新者的思考方法

乔布斯果断地对苹果进行了一个又一个充满争议性的改革，他的战略是一以贯之的，那就是要保持"焦点和冲击力"。无论什么事，他都会优先考虑冲击力的最大化，然后通过逆推来锁定必须要做的事——这就是"破坏性创新者的思考方法"。

苹果将冲击力最大化的办法之一，就是每年在Macworld上进行多次的基调演说。基调演说上的企划宣讲和实物展示会为全世界对于苹果的认知带来巨大的影响，因此Macworld的企划宣讲在乔布斯倾注精力的优先事项中位于上位。

关于乔布斯的演讲技巧，在卡迈恩·加洛的《乔布斯的魔力演讲》中有详细分析。书中写到乔布斯在演讲的练习和彩排上花费了非常多的时间，耗时很长并不是因为他要背诵台词，他在演讲中也不会用到提词器（毕竟演讲内容对他来说信手拈来），而是因为他把一大半的时间用在了实物展示的调整和彩排上。特别是开发中的产品都是原型样本，所以在操作上需要格外绷紧神经。

1999 年 1 月初，在旧金山的莫斯康展览中心举行的旧金山 Macworld 大会上，旨在为人们留下苹果先进性印象的大规模样本展示取得了成功。这次大会最吸引人的，就是 1998 年上市的 iMac 的外壳颜色从邦德蓝这 1 种增加到 5 种。

乔布斯出色的演讲技巧带动 Macworld 大会气氛走向高潮，5 种颜色的 iMac 在基调演说的最后登场。公布 5 种颜色的 iMac 这件事直到当天乔布斯在方案宣讲中披露为止，包括员工在内谁也不知道（产品经理和制作了演示样本以及广告的员工除外）。在乔布斯的开场铺垫后，5 种颜色的 iMac 的电视广告被投映在会场的银幕上。伴随着广告中使用了滚石乐队的《She's A Rainbow》的曲子，5 种颜色的 iMac 在电视画面上跳跃，会场气氛顿时沸腾。

在这次 Macworld 大会上，比起新 iMac 的发布，还有一个重要性与 iMac 不分上下的产品，那就是寄托着苹果商业未来的新操作系统，Mac OS X 的初代产品——Mac OS

X Server。NeXT 计算机公司被苹果收购是乔布斯回归苹果的开端，Mac OS X 是因这次收购而诞生的苹果的新操作系统。

乔布斯在基调演说的中间阶段进行了 Mac OS X Server 的演示。他用以 Mac OS X Server 作为网络计算机来运行的 PowerMac G3，远程启动了叠放在巨型架子上的 50 台 iMac 并对其进行了操作，这是一个印证了新操作系统和 iMac 先进性的划时代的宏伟展示。演讲最后，不同的视频在叠放的 50 台 iMac 的屏幕上同时播放，这种景象已经完全是艺术的领域了。当天我也在会场，依然清楚记得从样本展示上受到的冲击以及会场中人们发出的铺天盖地的惊呼。

乔布斯的基调演说结束后，我去找了舞台总监斯戴夫·亚当斯。斯戴夫是负责乔布斯的基调演说以及苹果全盘宣传活动的总导演。他是一位统领舞台筹备、企划宣讲及演出、准备样本演示等活动全部流程的重要人物（这位斯戴夫平时都是统管后方所以很少抛头露面，他是让乔布斯的方案宣讲能够产生最大冲击力的幕后助力，目前依然在为蒂姆·库克提供支持）。我找他是想谈谈关于之后在

116

东京 Macworld 大会上举行的基调演说的准备情况。

在舞台上找到斯戴夫后，他把我带到了停在莫斯康展览中心后面的一辆拖着集装箱的黑色卡车里。集装箱里密密麻麻地摆满了像电视台的导播室中一样的各种机器，工作人员正忙碌地操作着。

我说："今天的基调演说真不错，尤其是那个演示。"

他苦笑着回答说："那个演示啊，真的是费了大劲了！要在东京也做的话，会很麻烦哦。"

我那时才知道演示中使用的技术（由于是原型样本）很不稳定，铤而走险的成分很大。在事前的彩排时难以推进，但到正式展示时却异常的顺利，可以说是发生奇迹了。

技术负责人和实际演出时的相关工作人员背负了巨大的压力。但是，乔布斯总是会使用未完成的原型样本，以最大化冲击力的演出形式来展示苹果所追求的全新科技理念，他为之倾注了全部的精力。相关的工作人员为此废寝忘食地去准备自然就成了常态。乔布斯的执着自不必说，那些毅然决然地按照预想使实物展示得以实现的工作人员的勇气和信念也令人钦佩。

事实上，我和斯戴夫谈话的目的是不打算在东京再做这个样本演示，但在我和他说话的同时，被这次演示所感动的原田已经与乔布斯商定，希望务必在东京也进行同样的演示活动。

改变世界的原动力

随后迎来了东京的 Macworld 大会。为了使这个宏大的演示能够成功，工作人员倾注了他们全部的精力。然而，结果却与我们期待的大相径庭。

基调演讲的核心话题围绕着 iMac 的 5 种颜色展开，宣传活动本身虽然也带来了足够大的冲击力，但到了本应为演讲终章出彩的演示环节时，50 台 iMac 的画面却无法显示，最终在 iMac 的银幕稀稀拉拉的闪烁状态中结束了这次演示。会场中的人们哑然失笑，在那种状况下我受到的打击到现在都难以忘怀。

结束了基调演说的乔布斯看上去十分平静，但实际上他也受到了很大的打击。我当时负责的是在舞台前组织摄影师，安排并协调它们进行演讲后的拍摄活动，但作为主角的乔布斯过了很久也没有出现。随后负责宣传的凯蒂·克顿走过来说了一句"拍摄活动取消了"，然后就离开了现场。我在接到指示后，只好向在舞台前摆好拍摄设备等待着的人群传达了"乔布斯有急事需要处理，所以拍摄活动取消"的信息，这对于拍不到用在头条新闻上照片的摄影师们来说，是完全不能接受的结果。

最终，有一家新闻社的摄影师发出了怒吼："开什么玩笑，人不是在那里吗？给我们带过来！"

在摄影师指着的舞台幕布后面，确实可以看到乔布斯正在和凯蒂交谈。我和宣传活动的工作人员无计可施，只能给心里充满怒火的摄影师们一个劲地道歉。

之后的事态又继续恶化。凯蒂通知原定在隔壁酒店举行的记者招待会也被取消。拍摄活动还好说，如果连记者招待会也中止的话，我感觉绝对会出大问题，在工作人员把记者向会场引导的时候，我赶紧向原田和乔布斯共进午餐的餐厅跑去。

坐在餐厅里侧桌子的乔布斯并没有用餐，而是在和原田认真地谈话。坐在乔布斯旁边的凯蒂和我对视了一下，用眼神示意我"把招待会的时间往后拖一下"，原来是她想办法说服了乔布斯。

在已经过了记者招待会开始时间的时候，乔布斯和原田慢慢地从座位上站起来，一边向酒店的庭院走一边谈话。据说当时乔布斯因为重要演示失败这件事，在向原田反复道歉。

原田安慰乔布斯说："演示虽然不太顺利，但是已经完全传达了苹果科技的先进性。"最终在比预定时间推迟了将近1个小时之后才举行了记者招待会（顺带一提，对于媒体来说，他们对5种颜色的iMac兴趣更高，也由于Mac OS X Server的演示在旧金山取得了很大的反响，所以东京的这次失败并没有在报道中被提及）。

乔布斯在演示失败这件事上没有责备任何人，他真挚地接受了当时的状况。这更让我直接地感受到乔布斯在为"焦点和冲击力"倾注着他自己的全部精力，并在制造"最高水平的产品"的意念上怀有不可估量的热情，这是我从乔布斯身上学到的宝贵经验。

企划宣讲有各种各样的形态，可以根据会议的形式或当时的情况来变换，幻灯片的制作方法也不相同。在企划宣讲软件中，代表性的有PowerPoint、Keynote或Prezi，它们各有所长。Keynote 经过乔布斯一年多的测试，最终在里面加入了他想要的功能和特性，也正因如此，Keynote 最适合制作他以直观视觉为卖点的影片化幻灯片。

但是，乔布斯式演讲了不起的地方，不是幻灯片的制作手法，而在于演讲本身的构成形式以及它的传递与展开的方式（包括时机把握和音效元素）。乔布斯的演讲非常像一出戏剧——精心策划的剧情，向人们传递信息，给人们带来欢乐，同时使人们获得启发。我建议大家去学习乔布斯引用的毕加索的名言"好的艺术家会模仿，而优秀的艺术家会偷窃"，从乔布斯的演讲中盗取他的技法。虽然谁也成为不了乔布斯，但从这里可以学到将冲击力**最大化**的"最好的"演讲的精髓。

"质"的最大化

"焦点和冲击力"这种战略在广告的投放上也**得到了**彻底的体现。它并非是要将出稿量以及影响观众、**读者的**"量"最大化，而是要把存在感和冲击力这样的"质"的最大化放在第一位。

比如电视，通常广告代理商会根据广告投放的 GRP（总收视点，Gross Rating Point）向客户提出最合适的媒体计划，而苹果却从植入的节目和固定时间段的广告里彻底去除了无法带来最大冲击力的东西。

但这并不是单纯去锁定收视率高的节目或时间段来增加广告播出量。具体来说，要使用"同一时间在所有的频道都播放苹果的广告"这种前所未有的手法，把焦点锁定在观众收看时所感受到的品牌带来的最大冲击力上。

杂志广告也是一样。以发行量不大但感性敏锐的杂志为中心，以在杂志中间缀入插页为主，以在封面投放广告为辅的做法作为标准。

那么比起收视率和发行份数等数值，需要优先考虑的指标是什么？答案是媒体的创意（突出和犀利）和感性。苹果的品牌印象和考究的品位，在投放广告的空间里，创造了多大的冲击力，又激发了多少的创意和感性呢？这可以用直觉来估测。我以在美国选定投放电视广告的节目为例来解释可能更便于读者理解。

首先，苹果和 Chiat/Day 的广告负责人碰头，对作为候补的节目逐一评价。会议主席读出打算投放的节目名称，然后询问是否应该在这个节目投放广告，参会者们对自己认为合适的节目举手示意，对认为不合适的节目将大拇指向下来表示反对。从气氛上来看，与其说是会议，这更像是充满欢声笑语、争着猜出正确答案的猜谜游戏。

在现场，不会将节目的收视率作为判断材料而提出，也不会统计分析观众的详细信息，全部通过感性和相性的投票来决定投放广告的节目。

由 TBWA 日本派出的月野木麻里也作为筹划者参加了这个会议，她对这里不提出任何数据就做决定感到十分惊讶，这在日本是完全无法想象的。关于不做数据分析的问题她询问了 Chiat/Day 的参会者，结果得到了"对于苹果来说，判断作为目标的方向性、品牌规划、诉求信息和可接受这些广告的用户等内容，只有自己最清楚，所以没必要依赖其他数据"这样的回答。他们认为看数据反而会扰乱感性，是多此一举的。

对简洁的极致追求

"焦点和冲击力"在苹果广告的创造性上也有迹可循。

将创造性的冲击力最大化的方法，即是对简洁性的极致追求。

冲击力的最大化，并不一定要通过尺寸、色彩等这些具有强烈可视性的东西来实现。在东京秋叶原的街道上，使用充满生机的版面设计和色彩来突出产品照片，或者使用凌厉的设计字体来夸张地凸显标题的这种传递着强烈信息的室外广告十分普遍。在这种喧嚣的环境中，如果打出一个正中央低调放置着邦德蓝的圆形 iMac 的广告牌的话，这种宁静朴素的氛围，会在喧嚣中实现对比反差的最大化，从而使广告的存在格外醒目。

电视广告的投放方式也是如此。那时的广告节目大多是把商品的名称、价格、功能用聒噪的声音不间断地循环播放 15 秒到 30 秒，而苹果的广告通常是用一种简洁稳重的方式来给观众留下印象。这就是苹果广告"以柔克刚"的策略。

如今我们能看到越来越多"简洁的"产品设计、"简洁的"广告或"简洁的"包装，但能与将"简洁且大胆"的形式发扬光大的苹果广告相匹敌，并且既简洁又有美学冲击力的广告并不多见。

简洁并不是将事物简略化。因为在反复思考的过程中需要熟知一些精巧的技艺，所以广告的设计反而会更复杂。

有件事可以印证这一点，那是苹果在日本的铁道沿线进行广告宣传时的事情。在车站打广告时，广告范围一般是以铁路沿线为单位，通常会在作为对象的所有车站中打广告。但苹果却没有在与自己公司形象不符的车站中设置广告。

这样虽然投放量减少了，但投放费是不会变的。虽然广告代理商提出了"这真的很浪费"的反对意见，但还是控制了向与苹果品牌形象不符的车站的广告投放。因为广告是按整个沿线来洽谈的，所以媒体运营商是不能打其他公司的广告的。于是就在没有投放广告的车站专门进行了素色的创造性设计，也就是贴上了没有图案和内容的白纸，即前所未闻的"白纸广告"。但是只贴"白纸广告"也出现了问题：固定白纸的图钉因为颜色不同而过于突兀（白纸上并没有印刷苹果的标识和公司名称）。广告部门的女性负责人不能容忍乱七八糟的图钉打乱她的感性，所以特别订购了白色的图钉，毫不妥协地制造了一个纯白的空间。

要想将冲击力最大化，就必须把强迫观念发挥到极致。

有的研究是为了在以往的框架和习惯的延长线上达成目标而对想法和策略进行累积，它的冲击力的大小只能局限在预想范围内。

反复思考用妄想所描绘出的极致姿态时，将冲击力最大化的方法就会诞生。与现实之间的差距越大，能够实现创新的可能性就越大。

推动这种创新的原动力是强迫观念，但同时阻挠它的抵抗势力的力量也会变大。放在现实中来说，要想在组织中实施这种创新并将其实现的话，理所当然会遇到框架问题。所谓的框架，就是企业或者组织所设定的目标或者想要达到的"应有的姿态"。

不同寻常的报纸广告

在报纸广告中，"焦点和冲击力"也使苹果的存在感格外突出。

面向专业用户的台式机 PowerMac G3 上市的时候，苹果在当时拥有 1000 万份发行量的《读卖新闻》上进行了头版全幅连续 5 天的广告投放。头版广告并不稀奇，但头版全幅连续 5 天的投放力度在报纸广告史上可能还是第一次。

对于当时的苹果来说，打报纸广告这个行为本身就十分不寻常。美国较大的全国性报纸有《华尔街日报》和《今日美国》，其他大多是一些地方媒体。美国报纸发行份数和日本的全国性报纸相比也比较少，再加上印刷技术不是很好，有时候会出现色差，所以不能将 iMac 漂亮的半透明质感再现出来，所以在苹果全球市场营传的指导方针里没有报纸广告这个选项。

但是在日本这种情况就有所不同了，日本的全国性报纸从世界范围来看发行量非常大，并且印刷技术也十分高超。在这种背景下，原田向乔布斯说明了日本报纸的特性并且说服了他，取得了在日本可以将报纸作为广告媒体使用的许可。

另外，PowerMac G3 在上市前，在第一天的广告里留了个悬念，只刊登了 PowerMac G3 机箱上的苹果标识，第二天展示的是机箱的正面，第三天展示的是其背面，而第四天展示的是其侧面，直到第五天刊登的是可以看到内部的机箱照片。

　　想出这个创意的是月野木麻里。尽管由于距离截止日期没有留出足够的时间而受到创意团队相当多的责备，但她在能够留下巨大冲击力这一点上充满信心，鼓舞着团队毅然决然地进行了这次创作。我们得到了苹果总部和乔布斯的认可，并完成了单独在日本投放的创造性方案。后来这个团队还在《朝日新闻》制作了 PowerMac 的广告并获得了 1999 年度的"朝日广告奖"。

　　由于日本的报纸广告带来了具有创造性冲击力的效果，所以日本的这个广告事例被作为全球市场营传的最佳实践而采用，之后在德国等其他国家也开展了类似的报纸广告活动。

公司内部的意见统一是冲击力的大敌

　　进行破坏性创新必然会制造出公司内外部的"抵抗势力"。如何去面对抵抗势力，这是在产生破坏性创新上的一大课题。而且，我认为堵在面前的墙越巨大，破坏性创新的冲击力就越大。这里要顺便说一下乔布斯特别厌恶的两件事：一是改变世界的主意和想法的种子在组织阶段被扼杀，二是在获得认可的过程中认为棱角被磨掉是必然的。

"苹果为什么可以一个接一个地推出杰出的新产品？"

对于这个谁都曾有过的疑问，在 2005 年的《时代》杂志上，雷夫·克罗兹曼谈到苹果和概念汽车的故事，他讲述了乔布斯的具体想法。

在车展上，制造商会展出让人神魂颠倒的概念汽车。但是，4 年后实际推出的却是些无趣的款式。所以乔布斯从来不做概念款。为什么呢？往往设计者想出非常棒的创意后，拿到工程部门就会被"这种设计不可行"或是"不可能实现的"这样的理由退回，然后在拿到制造部门后得到的结果就是"这种东西做不出来"，创新的发展只会越来越不顺利。

像这种情况，在确立了组织体系的企业中，是司空见惯的。

即使每个人的想法都不着边际，但大家都不会丢弃自己的感性，都会不畏摩擦和障碍（冲突是不会消失的）怀着勇气和执念奋勇前进。要成为这样的组织，领导者必须要用他强大的领导才能去支持发起破坏性创新的团队。

就像自己为制造最高水平的产品而倾注心血一样，要求团队和周围的组织以同样的使命感去确立超越组织实现冲击力最大化的文化和程序也是不可或缺的。

焦点和冲击力的两难选择

在组织中，一般情况下是不能选择上司的。要进行组织管理，组织当然要优先于个人。在这个过程中，有时会出现扼杀个人的强迫观念、摘掉破坏性创新萌芽的情况。

我自己就曾遇到过这种情况。我在苹果的下属中有一位从麻省理工学院毕业的优秀女员工，她叫梅甘·史密斯。她头脑清晰，拥有机械工学的学位，是一个凡事都积极进取的人。她正是那种在制造最高水平的产品上有着强迫观念的执拗，并为实现它们而倾注全部精力的人。

正因如此，她不拘泥于组织的框架而埋头于自己喜欢的事情，从组织管理者的角度来说她是个"不好管"的员工，很多人都与她有过意见不合或冲突的时候。但她的性格明朗率直，不会留下感情的芥蒂，所以很快就能修复合作关系。

虽然她之后被调到了别的部门，但最后依然由于不能服从组织框架的管束而辞职了。她有着可以推动巨大创新的感性和才能，但在当时日本的苹果电脑公司，这些特质都是难以发挥的。在那之后，她在美国积累职业经验，进入了谷歌的管理层，随后在美国前总统奥巴马执政期进入白宫，作为总统直接管辖的美利坚合众国的 CTO（首席技术官）而活跃着。

在企业中该如何将冲击力最大化？这是个永恒的课题。在组织中除了要会灵活运用公司的资源（人、物、资金等）外，还要将它们最大限度地用在适合的领域中。如果这个企业的组织和资源不能进行破坏性创新，也不能将冲击力最大化的话，那就必须要考虑自己去创造一个能够更好地活用资源的环境，或者去另一个有这种环境的组织。留在企业及它的组织中的好处在于，可以使用别人的资源，可以在公司和组织的保护下进行活动。即使有风险或是失败了，也不会被迫承担全部责任（如果不是管理层领导的话）。

这不是妥协或者奉承上司，不管在什么样的环境中，在自己的领域去发挥强迫观念，进行破坏性创新，其结果就会将冲击力最大化。破坏性创新不分大小，为什么这么说呢？突破与创新本身并非目的，重要的是要学会在什么事上努力，以及如何去实现。

本章小结

　　将执着贯彻到底。在冲击力最大化上倾注精力。觉得"是不是做得有些过了"的时候，要更加甩开膀子努力坚持。

　　"简单是终极的复杂"，默念达·芬奇的名言后投入工作。想要设计出有创造性的产品，就要以简洁和大胆为方向。

　　创新的过程要简洁，进行真正的破坏性创新最多设置两个阶段。在巩固品牌和发掘创造性上，没有感性的人不应被纳入。

　　向周围的人宣告："我要把这个产品做到顶级给你们看看。"如果脑子里闪现出"这下摊上麻烦事了"这样的感觉，那就要对创造破坏性创新机会的到来表示感谢了。

第 **8** 章

精炼品牌

▣ 乔布斯的品牌重生术

乔布斯为了重建苹果，最初投入精力所做的事就是夺回品牌的光辉。现在很多人一听到苹果就会有"考究到极致的印象"。苹果拥有"在宇宙中留下痕迹"这样的灵魂是从"非同凡想"广告开始的。苹果那时在内部新设立了全球市场营传团队来作为推进这个目标的着手点，如前文所述，它的集中式管理在这里得到了彻底的实施。

乔布斯回归前的苹果，说实话，在品牌构筑上不能称为考究。当时对苹果标识的使用就是一个很有代表性的例子。那时各国都按各自的想法来使用苹果的标识，尤其是被苹果内部称为"光谱"的 6 色苹果图案被用得最多，在展示会和宣传活动上，它被当成一种纪念品大量发放。曾有员工在日本发现一个巨大的苹果标识被贴在东京新宿的垃圾收集车的侧面，他当时还觉得很高兴。还有从美国总部来的管理层饶有兴致地在东京六本木的酒吧所到之处都贴上了苹果标识。这就是当时对于苹果标识使用的混乱状况。

此外，第三方供应商如果想在计算机套子或者鼠标垫上印上苹果标识的话，只需要经过比较简单的评估就可以得到使用批准。位于库比蒂诺总部一角的苹果商店里，印有苹果标识的衬衫、帽子等各类物品在和苹果电子产品一同售卖，这里成了来苹果园区造访的用户及普通用户购买苹果商品的观光胜地。

但是当乔布斯着手品牌重生计划后，除苹果产品和广告外，这些衍生制品还有商品，除非有乔布斯特批，否则都不允许使用苹果标识，连苹果内部商店里销售的商品也都渐渐抹除了这些标识。

我也曾在苹果标识的使用上吃过大亏。日本的"非同凡想"宣传活动比美国晚了 3 个月左右，趁着狂热用户不错的反响，有一家日本出版社提出想发行与"非同凡想"相关的书籍。广告部门负责人和我进行了商议，我们一致认为这对于"非同凡想"的扩大认知和品牌宣传都是好事，所以就决定在书的腰封上打上苹果的标识。之后，出版社自己取得了广告中作为特写的伟人中 17 位的照片的肖像权，给"非同凡想"的广告加上日语翻译，制作成了排版精美的写真集。

这是在品牌的指导原则确定下来之前发生的事，我凭着以往的感觉没有慎重考虑，也没有想到要和全球市场营传团队进行确认。后来，苹果总部知道了这本书的存在，猛烈的斥责随之而至："到底是谁允许在不是苹果制造的东西上打上苹果标识的？"

我虽然知道苹果内部对标识的管理变严格了，但当时的想法是，这是可以扩大"非同凡想"认知范围的积极举措，所以即使提供标识授权也不会有什么大问题。

在我受到批评时，这本书已经摆在书店里了，总部毫不妥协地要求我们尽快解决这个问题。最后只能是收回所有已经出库的书，替换上了没有苹果标识的腰封。从那以后，我们只要发现没有经过总部许可的带有苹果标识的商品就马上回收销毁，甚至连库存也要全部处理掉。

即使对于花费了很大经费制作的东西也不会姑息。我们不允许自己判断是否可以加上苹果标识，一切都要经过苹果总部的评估，直到得到乔布斯的批准。没有走这个流程就印上苹果标识的话，无论是谁都会受到来自总部的严厉批评。不知从什么时候开始，营传团队在公司内开始被称为"标识警察"了。

乔布斯回归后，苹果内部还发生了另一个大的变化，那就是"彻底的信息统管"。曾经的苹果就像筛子一样，许多内部信息不断地向公司外泄露，是乔布斯遏制住了这个趋势。

人们普遍接受的说法是，这是为了"将冲击力最大化"所采取的措施，但其实它源于一个更加深刻的背景故事。

当时在美国有一家名叫"MacWeek"的媒体，它拥有报纸和宣传网页信息平台，这家媒体卖得最好的内容就是苹果的特别报道。在这个报道中，大量的本应是机密的苹果研发情报被透露，连研发中的苹果产品以及详细规格和插图都被一起刊登出来，以至于让人把它误认成苹果的官方网页。当时的情况是，有一半的苹果员工对于新产品的信息不是通过公司内部，而是从公司外的媒体处得知的。

后来查明的真相让人心寒，流出内部信息的竟然是苹果的产品开发团队。为获得预算而挣扎的他们通过提前放出项目信息来煽动市场的关心和期待，这是他们将来自用户的施压作为后盾试图获得项目预算的一个计谋。

但是，问题不只是停留在信息泄露上，这还会导致更为严重的后果。

新产品信息一旦公开，人们就会对于性能得到了提升但是价格却低于现行型号的新产品的上市充满期待，同时会减少对市场上既有产品的购买量。其结果会带来销售停滞，积压产品不断增加，最后对即使打折也卖不出去的东西只能废弃处理。收益恶化再加上废弃成本增加会导致损失的扩大，甚至会出现资金链断裂这种最糟糕的情况。

因此，为了苹果的重生，严格的信息统管是理所当然固定下来了，最能体现这种改变彻底实施的就是 iMac 的发布活动了。

铺开戒严阵势的 iMac 发布活动

1998 年 5 月 1 日，我在日本收到了来自苹果总部全球销售与支援的副总经理米奇·曼迪奇的邮件。

他原本在 NeXT 工作，是乔布斯带到苹果的心腹之一。这封邮件里写着"有一个高度机密的发布活动，请在 5 月 5 日前来库比蒂诺"，除此之外只写了"详细内容现场通知"。关于这次出差，日方只有总经理和事业部经理知道。实际上我对自己的助理和下属也完全保密，甚至连妻子和孩子也不知道我出差的事，所以我简单收拾了行李就去了机场。

在收到米奇邮件的 3 小时后，我又收到了总部的干事金德·德古斯特以乔布斯的名义发出的邮件，要求确认宣传活动的内部通知草案。第二天，与总部宣传部门确认了被邀请来参加宣传活动的日本媒体的名单。当然，这一连串的操作里面没有提到"会发布什么"，但在读到草案里乔布斯写的信息时，我觉得苹果反击的时刻终于到了，不由得绷紧了身体。

这半年，我们不辞劳苦地工作，从根本上改变了所有的想象（非同凡想）。再一次，是时候将这个成果公布于众了。

5 月 2 日与宣传活动有关的公司内部通知正式发布，给媒体也发送了 5 月 6 日将会在库比蒂诺召开的宣传活动的介绍和邀请函。直到这个时候，依然没有公开到底是关于什么的宣传活动，连苹果员工也是一无所知。

一部分媒体和记者猜想可能会推出面向普通苹果消费者的产品。当时苹果的主力产品是面向专业用户的 PowerBook G3，它比搭载了奔腾 II 的竞争产品的运行速度要快两倍，以此为亮点促使销量持续上升。但是，由于乔布斯回归前面向消费者的 Performa 的失败，苹果退出了消费者市场。所以这个猜想是十分合理的。

5 月 6 日，宣传活动在美国迪安萨社区学院的燧石礼堂举行。围绕着能容纳 2500 人座席设置的是，在"非同凡想"广告中被作为特写的伟人们的标牌。座席的前方中央是媒体席，苹果的相关人员在其周围落座。

在热烈的掌声中，乔布斯穿着西装登上了演讲台，他以"苹果商业回归的曙光开始显露"为内容的新闻作为开场进行了演讲。随后，公布了苹果之后的新战略，包括产品主线的 4 个基调，即明确了要把主线锁定在面向专业人士的台式计算机和便携式计算机，以及面向普通消费者的台式计算机和便携式计算机这 4 种产品上。

然后趁着这个机会，他公布了搭载有 PowerPC G3 芯片面向普通消费者的产品——那就是开辟了互联网时代的 iMac。乔布斯的演讲结束后，受到邀请的媒体被允许登上舞台近距离观看 iMac，每个人都带着兴奋的神情去碰触其圆形的机壳。在现场的员工也从远处一边高兴地眺望着初次见到（连其存在都不知道）的 iMac，一边和同事兴奋地交谈着。与担任 iMac 开发的工程师同一个部门的其他工程师跑过去惊讶地问道："怎么藏得这么好？座位离那么近我都不知道你在做这个产品！"

发布会一结束，我就赶紧去了全球市场营传团队的办公室，为了尽快着手制作面向日本的宣传资料，我想去那里获取一些新闻发布的原稿或者演讲资料。

直到从宣传负责人凯蒂·克顿那里拿到新闻发布的原稿为止，我的进展都很顺利，但当我还想索要面对新闻采访时的预想问题回答集时，却得到了"没有这种东西"的回答。在记者见面会时准备预想问题回答集是宣传部门的常识，但据凯蒂说，这是为了避免信息泄露，按乔布斯的指示没有制作。

我本来想把乔布斯使用过的方案和演讲文件一并凑齐，但全球市场营传的成员们谁也没有。找了一圈，只有全盘负责发布活动的舞台总监斯戴夫·亚当斯有这些文件。我回到会场，从指挥撤除工作的他那里才拿到了这份文件。

当初，我以为苹果总部这边的成员是因为太忙而没有把握除了自己所负责的业务之外的东西，但原因其实是信息管理体制中的业务保密政策。即使是负责宣传活动准备的人，也只能获得自己直接负责的作业所需的最小限度的信息。

在宣传活动结束后，我与日本的市场营传团队取得了联系，这才第一次告知他们我来了库比蒂诺。虽然苹果内部通知了会有重要的发布会，但我休假结束了还没有上班，而且他们还联系不上我，那时大家已经有一些慌乱。

以这次 iMac 的发布为契机，日本发布新产品的信息管理也通过和总部协作，实施了同样的政策和体制。对数据访问进行了特别细致的规定，推进作业时会与其他部门完全隔离。因为我全盘负责市场营传团队，所以持有关于产品的信息和图像，但我只会交给下属完成业务必不可少的内容。比如对于宣传小组，我会交给他们发布新闻的文稿，但直到临近发布会才会交给他们图片。宣传活动的负责人要推进展台的修建来确保展示空间，但直到东西搬进来为止他都不会知道要展示的东西是什么。关于广告，TBWA 日本的楼顶上的仓库被改造成了特设工作室，入口处被严格封锁，实行的安保体制要求不管是 TBWA 的员工还是苹果的员工，只有限定的成员才能进入，只有那些在苹果总部的负责人名单中登录过的人才能进入。

全球市场营传的成员（以及产品企划负责人）因为要

进行发布会的准备，所以他们在发布会前就能获取产品的具体信息，而其他部门的员工则要在产品向大众公布的节点上才能获取。销售负责人在乔布斯的基调演说中就坐在零售店领导的旁边，在新产品公布的瞬间，才能现场把合同递过去，得到签名后就马上从停在零售店附近的卡车上卸货，然后开始进行店铺的产品陈列和装饰等工作。

苹果的用户体验

乔布斯不仅在产品开发方面十分细腻，他在空间设计上也有着不一般的执着。为什么这么说？这是因为人们接触苹果产品的"场地"本身，也是用户可以感受到的一种苹果用户专属的体验。

比如，在 Macworld 会场，每次都会搭建巨大的苹果展台，在大会召开前夜的修建工程结束后，乔布斯肯定会亲自进行细致地最后检查。如果发现从桁架上吊着的标牌有褶痕，不论什么时候他都会要求马上整改。在宣传活动进行中，乔布斯也会随时指出问题，所以工作人员在工作结束前就没有能松一口气的时候。

乔布斯在空间设计上执着的结晶，就是大家熟知的苹果店。它里面使用的木质物品的种类自不必说，就连木头的产地也是他指定好的，这是为了让用户不管去世界上哪个地方的苹果店都可以在相同的空间中进行体验而准备的。

苹果店的原型是家电卖场里的 iMac 卖场，即被称为"店中店"的区域。当时苹果没有直营店，都是在家电卖场里和其他公司的产品摆在一起销售的。至于签订了新的销售合同的 iMac，展示台的设计形式和产品的摆放方式等全部都要按照苹果规定的推销计划与指导方针进行。

在 iMac 的展示上，为了使半透明外壳看起来更漂亮而使用了内照式的展示台。在 Macworld 大会上也使用了内照式，但考虑到由于丙烯酸顶板和其中设置的照明之间的间隔如果出现以厘米为单位的误差的话就无法再现 iMac 的"美貌"，所以展示台的搭建以及制品还有什物的生产都不在日本进行，直接把旧金山用过的东西专门用船运送过来。还有在媒体取材的时候，拍摄的产品照片都必须是 iMac 被放置在内照式展示台上的状态，苹果不允许进行指定角度之外的拍摄。

现在的消费者如果想要了解信息，可以通过网络来查询。但当时 iMac 的"店中店"里的散发资料都是按最小限度的数量来准备的，在家电卖场常见的写有价格和规格的标签就更不存在了。送给那些犹豫是否购买的人带回家的那种制作精美的产品介绍也被废弃了（取而代之的是只摆放了被称为"带走一张"的两折页小宣传单）。这也是乔布斯的一种强烈执着，是出于产品介绍与互联网时代的计算机并不相称的考虑。

最大限度地削减多余的东西以求简洁，这使得苹果产品的卖场与周围的空间相比格外醒目。

为了设计构筑苹果的"店中店"，苹果全球市场营传团队启用了曾参与过一流服装品牌店设计和推销规划的经验丰富的工作人员。以 iMac 为开端，苹果的空间设计实现了从以往的"电脑卖场"向"品牌商店"的转换。

在日本的"店中店"设计工作开展之前，苹果邀请了从事过高级品牌商店的设计和装饰的大供应商进行店铺的样板试制，同时举行了设计比赛。合格的供应商被邀请到库比蒂诺，而后推销规划团队不间断地对他们进行了培训。

现如今，苹果商店的各种设计细节都被要求得十分明确，这种可怕的执着作为苹果的氛围特征成了一种理所应当的东西。但是，在与"考究"无缘的家电零售区域里，濒临破产且被人们抛弃的苹果着手进行零售商店设计的破坏性创新是一个令人惊讶的突破。

筛选品牌的认可者

正如迄今为止所看到的那样，乔布斯用在工作上的痴迷、热情和执着并不是一种肤浅的东西。要想和他一起工作，就要与他进行同样级别的付出，必须要做好这样的思想准备。

但是，如果只是为了他的名声而去做一名好的后援的话，那他也绝不是一个"暴君"。

围绕他的"传说"有很多，在苹果员工中间经常会说起的逸闻里，最出名的无非是"电梯事件"。那是关于乔布斯在心情不好时，把正好和他乘坐一部电梯的员工当场解雇的故事。

我认为这个故事是缺乏可信性的。假如说在电梯里发出解雇通知是事实的话，那也一定是有正当理由的。他确实会在人前毫不犹豫地展露自己的情感，但他绝不是一个感情用事就开除别人的自以为是的人。

比如有一次开会，乔布斯在走进房间的时候怒不可遏地说："德国简直是在胡闹！"当时发生了什么虽然至今还是个谜，但在反复说着这句话的乔布斯面前，我们这些参会者只能安静地等他平息怒火。接着乔布斯突然发问："这里面有没有从德国来的家伙？！"参会者里有一个人战战兢兢地举起了手。

那个时候，一部分员工的脑子里又闪现出了"电梯事件"，但实际上，之后并没有发生什么严重的事情。顺便一提，那个被乔布斯批评"公司不需要做笔记的人"的员工，还有在企划宣讲中被要求离席的员工，他们都没有被解雇。

关于乔布斯的生平有很多书籍和电影介绍过，大多数作品都通过把乔布斯的性格和言行描绘成古怪和自以为是来制造故事中的精彩冲突。他的性格和言行从脚本作者的角度来看毫无疑问是一个很好的切入点，但经常可以在这些作品里看到为了突出趣味性而过分夸张的地方。在关于品牌的事情上，他的态度确实非常严格。在现实中，因为这是个感性的问题，所以谁都可以想当然地去解释。在品牌的精炼上，严格的修炼是必不可少的，从这个意义上来说，乔布斯对于品牌的执着并没有过分之处。

无论什么企业，在规定品牌直观化表现的合作与统一性的设计和传播上，比起个人的执着，从企业角度去构筑明确的体制框架更加重要。

推广自己的品牌

在乔布斯回归前，苹果有一个实现超文本的软件，叫作 HyperCard。即使是不懂程序设计的小学生，只要对配置在卡片上的图案、按钮或者文本的链接进行点击，HyperCard 就可以变成能够制作直观的数据库和简单应用软件的多媒体编辑工具。当时主打的广告词就是"谁都可以成为制作多媒体作品的作家"。

放到现在，使用"多媒体"这个词本身就已经让人感觉落后于时代了。如今从幼儿到老年人都不在意是否懂技术，大家在日常生活中把科技作为提升自己能力的工具来使用，通过各种各样的媒体来实现自我表达。

以 iPhone 为代表的智能手机所搭载的摄像头和照相功能也实现了飞跃性的进化，视频网站上已不限于全高清视频了，4K 高解析像素视频的投稿也司空见惯。即使没有视频制作技术的人，也能够轻松使用工具去拍摄与专业人士同等（或更高）品质的图像和视频，并对其进行加工编辑。

那么，在谁都可以创作出"专业水平"作品的今天，实现与自身品牌相关的破坏性创新就至关重要。精炼自己的品牌，体现与其他品牌的差异，从而创造出对用户强大的冲击力，用的工具是自己的感性和创造性，而非其他的科技。

首先，要从拥有在自己的领域中创造最高水平产品的意识开始。在一键上传图像前，试着在构图上加入强迫观念，然后再多动一下脑筋，想想修改不同的细节会带来怎样的效果？将拍摄的图像通过用艺术家常用的"三分割构图法"来配置布局，将画面分别用水平和竖直的两条线来进行上下与左右的三分割，然后把作为拍摄对象的物体配置在线与线的交叉点处，这样就能拍摄出很考究的图像。

在智能手机的屏幕上设定"栅格"进行编辑裁剪时，也可以用有滤镜的软件很容易地显示出三分割构图法之外的构图方式，包括调整曝光、饱和度和亮度等，这种调整虽然老套但是却很有用。

乔布斯作为苹果的领导者，演讲的内容都是他自己完成的。我并不是说大家，包括经营领导在内都应该自己去制作演讲内容。但是，就算只从想要打动人心而且实现冲击力的营销这个角度上来说，也应该要提高感性敏感度，在表现方式和展示方法上有所追求，在今后将自己的想法直观地展示出来会成为吸引人的关键。不要将这些全部委托给相关从业者和广告代理商，可以把自己的想法做成插图或者分镜来展示，诉诸视觉的交流是十分重要的。因为在感性和灵感变得敏锐前，人类获取 80% 到 90% 的信息是通过视觉来完成的。

如果已经有了一定想法的话，那用"再做好一些""再做时尚一些"这种模糊的话给下属下达指示，或者对于沟通中出现的内容进行很多回合"这完全不对"的争论都是浪费时间。把有绘画才能的人加入团队，包括安排日程来现场共同将想法变成现实等更直观的交流会变得尤为重要。

关于视频的编辑也是同样的道理。市面上有很多免费的视频编辑软件。我从 iMac 将 iMovie 作为标准配置的 1999 年开始，（因为负责市场）为了强调"今后是视频的时代"，我自己也会编辑视频以在宣传活动上进行样本演示。在视频中，构图、曝光、颜色调整自不用说，摄影技术、场景转换、色彩灰度、声音的调整等这些让感性更为闪光的领域在视频编辑中所占的比重将逐渐扩大。今后我们应该灵活运用视频分镜来将自己的想法表述得更加具体。

这个时代"外行"和专业人士的分界线已十分模糊。要想产生"差别"，强迫观念、感性、创造性会比技术起到更大的作用，它甚至比科技的发展水平更重要。

我们处在谁都可以发布信息进行交流的环境当中，不言而喻，强迫观念、感性、创造性在沟通交流领域中的重要性也与其在图像和视频中的重要性一样不断提高。

该如何让营销具有冲击力呢？突显出简洁的印象，对准备用作印象性宣传语的要点做更加容易理解的比喻，还有加上引起共鸣的故事表述，这些都是构成良好的宣讲和演讲方案的必备要素。

这些在企业里都是理所当然要使用的手法和技巧，正如破坏性创新要从自己的领域开始一样，品牌的精炼也必须从自己的领域展开。

本章小结

　　彻底排除掉会损毁品牌价值的东西。就算只有5%的员工不理解品牌的重要性，也要重新制定品牌管理规定及合作与统一性的指导方针。

　　让感性和执着发挥力量。若要进行有关品牌的说明，多使用类比推理和声音元素进行宣讲。为了让交流更直观，可以灵活运用图像分镜和视频分镜。

　　以"三分割构图法"作为框架。在每个人都使用智能手机拍照的今天，就算在社交软件里发送的照片也有必要用感性去执着打磨并使其发光，拍摄图片和制作宣讲幻灯片本身也要用这种方法来处理。

　　彻底贯彻媒体培训理念。就算"贯彻信息管理"的通知发送了100遍，但如果机密信息管理的意识还没有变化的话，就考虑启用以前曾是新闻记者的企业顾问来实施公司的内部取材。以取材为基础制作（假想）报道在公司内散发，也可以给轰动性标题报道的来源信息提供者颁发"疑似搞笑诺贝尔奖"。

第 **9** 章

使自己的强项
最大化

▣ 用心感悟并找出要义

如果在网络上搜索刊登有关乔布斯演讲的报道和投稿（包括视频），大概能找到几百万条。按乔布斯的话来说，人会得到很多的灵感，但因人不同，理解和接受的方式也不同。

在这其中，如果回过头来重新看他 2005 年在斯坦福大学毕业典礼上的演讲（或者重读文字）的话，在很多地方我都能获得与从前相比完全不同的灵感。

如果以试着去解开破坏性创新者思考真相的想法去重新审视的话，"喜欢上自己所做的事"这句话作为演讲的核心信息带来了最为强烈的反响。

乔布斯说，一直推动着他向前的唯一的东西就是他感觉自己对所做的事喜欢到无法自拔。他建议毕业生们也要不停地去寻找，在找到这件事之前不要停止也不要妥协。

那么，如何才能找到让自己喜欢到无法自拔的东西呢？

当然，喜欢的东西是因人而异的。可能有人会想，自己到底喜欢什么比较好，怎样才能找到喜欢的东西？

在 2007 年的 D5 峰会上，他与比尔·盖茨共同出席了谈话版块，在那里他也表达了相同的见解。他们带来的改变了世界的创新的原动力是什么？成功的要素是什么？这两人都将答案归结到了喜欢自己的工作到无法自拔这一点上。

在斯坦福大学那一次著名的演讲中，他还讲到了，如果想要从工作中得到满足，就必须要相信自己的工作是了不起的。喜欢上工作并不是一种被动，要相信这种作为能动性的推动力是必要且不可缺少的。

如果找到了喜欢的东西，心里就会感知并认同它。用心去感受，犹如爱情一般，很难用语言解释清楚该如何去做。在演讲中，乔布斯谈到了关于如何去看清对于自己来说最重要的东西的话题。

在一天刚开始的时候，问问自己"如果今天是人生的最后一天，你想去做今天计划好的事情吗？"。这样一来，周围人对你的期待、自尊心，以及对于耻辱和失败的恐惧都会消失，只留下真正重要的东西。他说"死"可以让自己明白什么是需要优先完成的最重要的东西，它是终极的

"改变代理人"。

要在人生的方向上看到光明，看清心灵的依托，找到破坏性创新的要义所在，从天空的视角来审视自己的存在是一种重要的思考方法。

自己在努力做什么？为了什么而做？

如果说在破坏性创新中所期待的目标只是创造财富和资产的经济价值的话，那这种认识就太肤浅了，"在宇宙中留下痕迹"的破坏性创新也不太可能实现了。在推动人类进步而发生着真正创新的地方，有一些人以爱、诚实、正直、真、善、美这样的道德作为心灵依托，将创造性最大化，高举正义的旗帜。

乔布斯为创造最高水平的产品而倾注了全部精力，奉献了自己的人生，他为世界带来的"最高水平的产品"数不胜数。

他所带来的创新的大小，是不能用所推出的产品的数量来衡量的。产品本身是由无数的零部件和先进的科学技术构成的，这些都不是乔布斯亲手做出来的。

这些杰出的产品是众多和他怀有同样强迫观念的员工、支持者、供应商和开发者与他的理想产生了共鸣，同时在各个领域中发挥了创造性、尖端技能和才干，参与到编排构成产品的硬件、软件工序中，并将各种元素统合而形成的。

那么，乔布斯在平静审视"人生最后一天"的问题上，是如何调整人生的目标？又是如何去为前进的道路选择方向的呢？

乔布斯在被告知患有胰腺癌仅剩下 5 年的生命后，有一次和一起重建了皮克斯的埃迪·卡特姆及约翰·拉塞特共进午餐，当时乔布斯列举了三件自己在"离开"前想做的事。

（他拿出 iPhone 的原型机给他们展示）

◆ 在世界上推出"不只是被人们使用而是被人们喜爱的电话（在功能上、审美上都能提升生活质量）"和其他几种产品。

◆ 制定皮克斯能够持续发展的策略。

◆ 最重要的是，为最小的 3 个孩子制定成长方案，对儿子的人生引导做到高中毕业为止。

然后，如以往一样，乔布斯在"离开"前把这三件事全都完成了。

🗗 协作的必要性

为了进行破坏性创新，将可以成为创新者的人的才能和创造性集合起来产生协同作用是十分重要的。

在现实中，乔布斯出于此种考虑，曾执着于苹果的新公司办公楼——苹果公园的设计的事情广为人知。各种各样的创新性想法都可以成为设计的要素，但存在于概念中心的是创造与合作。他考虑的是一种可以让全体人员自由分享想法，且更加容易彼此参与的企业架构。

我在苹果工作的时候，包含全球市场营传团队在内的各个部门的办公室都被设置在位于库比蒂诺的建筑里。

这个办公楼是以包围着巨大的中间庭园的形式建造的，洋溢着一种开放感。中间的庭园里有自助餐厅，午餐的时候很多部门的员工都可以在这里碰面。但这是在乔布斯被苹果驱逐后建造的，所以听说他对此不太满意。但是，建造让员工们可以更容易交流合作的构造的想法，是乔布斯在离开苹果前就构思好的，本来打算在新建办公楼时去实现，不过这个想法在他生前通过建造苹果公园得以实现。

乔布斯在离开苹果的时期里，将这个概念体现在了皮克斯公司的办公楼的设计上。皮克斯的办公区为了反映他在创意性的团队构建方式上的执着追求，在办公区的中央设置了一个叫作"天井"的区域，它是以全体员工和来访者可以自然交流为原则进行设计的。

卫生间也设置在这个区域，不同部门的员工都会擦肩而过，为了让他们之间能产生对话机会还专门把通往卫生间的路造长了一些。虽然如今"公司同事的偶然相遇"和"不预期协力合作"已经成为办公区设计的一种主题，但其实乔布斯在 20 世纪 80 年代就已经在提倡这种概念了（卡特姆的表达方式是，让公司同事进行"强制性的交流"）。

皮克斯以"不去依赖某一位天才，而是利用团队与组织的智慧来实现创意"这种聚焦在团队构建上的理念，在创造性的组织构建上倾尽全力，然后在电影与动画片领域推动突破性创新，通过将科技与人的创造性融合来提升对动画片的审美塑造，印证了融合每个人所拥有的才能是确保实现破坏性创新的重要原则。

电影拥有使观众忘我的故事情节是十分重要的。一部电影从开始到结束，需要用到各种各样的方法来提炼故事主线，否则臃肿的情节会让观众出戏。

要将划时代的想法变成现实，首先就要组建适合的团队，因此有好点子的优秀人才是十分必要的，但真正重要的是这些人之间的相互作用。

卡特姆是这样表达自己通过长年的经验积累所发现的原则的："将好的想法交给二流的团队会使其被断送。如果将二流的想法交给优秀的团队，要么他们会修正它，要么他们会抛弃它而想出一个更好的想法。"

因此皮克斯开始以"比起好点子，更好的是人才。独创性的想法只靠天才性的灵光一闪是不会成立的"这样的思想作为行动指南。

要让想法成为现实，其中就要有优秀人才的付出，进而用各自的优势互补来打造好的团队。拥有各种才能的成员互相成就，才能带来精彩的演出。

融合才能实现创新

卡特姆说，人有时候看到一个东西，可能会有一种它是单独存在的错觉，但其实并非如此。比如，电影不是由一种想法而是由很多种想法构成的，而且在这些想法背后还要靠具体的人来实现。产品的设计也是如此。

iPhone 并不是由单一的想法创造出来的，它背后有着让人无法想象的高级硬件和软件在支持。将其变成现实的，正是它背后每一个人的才能和将才能集结起来的协作团队。

拥有才能的人很多，他们各自擅长的领域虽然不同，但在各展所能的同时进行互补（薄弱之处）协作，精炼为一体，就可以创造出绝佳的作品，实现创新。一个人凭借自己拥有的才能是无法完成所有的工作的，但将团队里拥有才能的人集合起来，就会产生巨大的力量，而且会对全体的创造性带来巨大的增益。

乔布斯是一个天才，但他知道苹果的破坏性创新需要团队的力量，其中每一个人的才能和创造性都是不可或缺的。他通过为他们提供可以最大限度发挥创意的空间，进而实现了一个又一个创新。

通过最大限度调动人的强项进行统合，利用其所产生的"1+1 > 2"的作用，皮克斯也和其他企业一样，实现了突破性创新。

还有一个与人们各自发挥强项相关的重要事项，那就是使强项最大化的"工作场地"。

📑 在自己的地盘上一决胜负

乔布斯一直在展现着自己的才气和能力，将强迫观念发挥到极致，为推动世界进步而战斗。他的演讲就是一种极致的体现，在吸引听众和给听众带来冲击力上无人与其匹敌。当 iPod 发布时，他边从口袋里拿出 iPod，边说"1000 首歌在我口袋里"，他用这种声音元素带来的信息唤醒了全世界的音乐产业，用让人惊讶的实证展示把怀疑变成确信，他把 iPod 的问世称为（以数码和音乐）推动人类前进的创新性的跳跃。

在发布新产品的基调演说时，无论 Macintosh、iMac、iPod、iPhone 还是 iPad，任何一款产品都揭开了破坏性创新的序幕，深化了科技与人的创造性融合并将其升华到了新的层面。

企划宣讲和故事讲述无疑是乔布斯的强项，但他作为创新者能将这种冲击力发挥到最大，是因为比起技巧，他更了解自己可以与他人一决胜负的领域。他在人生中有很多次被逼上了绝路，但他都返回了原点，在自己的地盘上站稳脚跟，最终都渡过了难关。

其中最具代表性的就是 2010 年 7 月 16 日召开的 iPhone 4 记者见面会。当时 iPhone 4 存在握机方式影响手机信号的问题，这场记者见面会是在媒体要求苹果召回产品的呼声越来越高的背景下召开的。iPhone 4 在记者见面会的 3 周前开始销售，已经卖掉了 300 万部，但《消费者报告》杂志刊出了 iPhone 4 的天线设计有"缺陷"的报告，社会各界对苹果的批评力度也越来越强。因为我当时已经离开了苹果没有参与其中，但听说这个问题让乔布斯十分痛心，沃尔特·艾萨克森的《史蒂夫·乔布斯传》一书对此有详细记载。

为了打破这个困境，苹果决定召开记者见面会，公关公司的雷吉斯·麦凯纳对见面会的脚本做了提案。乔布斯身边的人都建议他以谦逊的姿态去道歉，但雷吉斯·麦凯纳指出，在信号接收上虽然存在一些问题，但将问题夸大、耸人听闻大写特写的是媒体，所以他提议让乔布斯堂堂正正地在见面会上讲出真实的情况。实际情况是，这在用户中间并没有成为大问题，反倒是媒体总在给飞速成长的苹果挑毛病，以《消费者报告》的报道为首，就像立了什么大功一样大吵大嚷。

正好在此之前，有一家叫作"吉斯摩多"的媒体在硅谷的酒吧里发现了发布之前的 iPhone 4 试制品，对此他们发表了一些奇谈怪论，因此 iPhone 4 受到了很大的关注。媒体对于新产品的"状态不佳"的题材都趋之若鹜。

周围的人都反对这个提案，他们推测媒体思维是，会以此做文章来攻击苹果的态度傲慢，但最后乔布斯依照雷吉斯·麦凯纳的脚本走上了演讲台。

为什么坚持信念能够变强？

在记者见面会上，乔布斯的宣讲里最先出现在幻灯片上的是"我们不完美"这句话。然后，乔布斯用手边的按键点击了一下，在同一张幻灯片中接着出现了"电话也不完美"。在第 3 次点击后，出现了这次记者见面会的主题信息："我们想让所有的用户都快乐。"

不愧是乔布斯。我从第一张幻灯片的"我们不完美"中就感觉到乔布斯在这次见面会上就已经处于上风，这是剑客在持刀准备的时候就高下立判的对阵。这让我想起了日本导演黑泽明的电影《七武士》中两位浪人比试武艺的一幕，就是在刀剑交锋之前，主人公勘兵卫小声说从持刀准备的姿势就能分出胜负的那个场面。

演讲的创作也有雷吉斯·麦凯纳的参与，它由完美的信息三角组成：

◆ 我们不完美。

◆ 电话也不完美。

◆ 我们想让所有的用户都快乐。

将需要传递的信息归纳成三点来构成演讲的全部。我在制作沟通战略和框架时，或者准备总经理的演讲草稿和企划宣讲时也会利用信息三角来编写。

出席这次见面会的媒体认为，乔布斯会为 iPhone 4 的设计失误道歉然后召回产品，他们打算将此作为苹果的一大丑闻而大写特写，所以刚开始摆出的是"举剑过顶"的姿态。如果乔布斯不承认失误也不召回产品，他们就打算拿 iPhone 4 的"状态不佳"大做文章，并且准备对苹果傲慢的态度进行煽动性的谴责。

对此乔布斯用"持剑于肋"来对应。这是一个已经读透了媒体的招式，是一种不容分说的路数。

能将自己的立场和想法这样直接、简洁而明确地传递出来的演讲，在此之前几乎不存在。

我觉得乔布斯并不是要将"傲慢"在见面会上坚持到底，而是用处在科技和人性交叉点上的纯粹的热情来贯穿始终。

作为对前面三个信息的补充，演讲还在继续。让大家不禁苦笑的是，他展示了黑莓和三星等其他公司的智能手机用同样的握法的话信号也会被隔断的视频（这恐怕只有乔布斯能做到）。

随后他向大众传达了这样的信息：报道的现象并非像媒体吵嚷得那么严重，没有一家企业能像苹果这样从用户的角度考虑来追求品质的精益求精。乔布斯还突出宣传了投资 1 亿美元建设的信号接收测试设施。

之后，他又宣布无偿提供可消除信号故障的手机壳，对 iPhone 4 信号不满意的用户，选择退货可以全额退款（并非召回）。

演讲以显示有"苹果爱用户"文字的幻灯片作为结束。

这是他在自己的地盘上展开的精彩对决。乔布斯的魄力一如既往，而提出建议的雷吉斯·麦凯纳也十分令人钦佩，乔布斯选择长期与雷吉斯·麦凯纳共事是有原因的。这次记者见面会没有被媒体所准备的套路引入歧路，能够堂堂正正地将苹果的立场正确、客观地抛出，证实了苹果不会背弃用户的信赖，这是道歉会无法实现的。

这次记者见面会后，非但没有用户退货，iPhone 4 的销量反而暴增，成为一款加速苹果成长的产品。

乔布斯在斯坦福大学的演讲中说，不能浪费自己人生的有限时间去过其他人的人生。要抱有遵从内心和直觉的勇气，不能被教条或别人的意见所左右。乔布斯应对媒体的姿态，正是这些话的体现。站在自己的地盘上，坚持自己相信的事，以此使自己的强项得到最大程度的发挥。

持续为受众传递意义和价值

市场的定义有很多种。经济学家菲利普·科特勒出版了许多关于市场的书籍，其中有这样的定义：市场就是给产品和服务赋予意义然后将其售出。

讲故事在市场和营销中是一种很重要的方法，这一点前文就曾强调过。讲故事有很多种手法和途径，但其核心还是强迫观念和感性。重要的不只是传达好信息和概念，也不只是体现具有说服性的逻辑，而是要用"诉说者"所拥有的热情和想法去打动"倾听者"的心。

为此，要在打算去传递共鸣的信息中找到意义或价值，这就必须要赋予它可以让倾听者找到价值的意义。找到意义是指，在以制造出"最高水平的产品"为目标来考虑的产品、服务的想法中，扎实把握要如何实现破坏性创新并总结出有价值的信息，这其中自己的强迫观念依然是关键。

如何赋予意义？其实就是要具体地描绘出，作为对方来说这会带来什么价值，因此能得到怎样的利益，进而理解并感同身受。其次就是"故事"的构成形式、信息的组合以及富有热情的表达方式了。

想要传递意义与价值，我认为可以先从"信息三角"着手。先决定要传递的主题，然后准备三个可以支撑它的信息。主题当然是营销中想要达成的目标。

在 iPhone 4"天线门"的记者见面会中，苹果的主旨思想是"为制造提供最高水平的产品竭尽全力"。

而三个信息，就是要体现如何具体地实现它，也就是 iPhone 4 该如何处理这种问题。乔布斯将其总结为自己面对的困境（技术性的问题及其原因），消除此困境的对策，以及对于用户的姿态和对应方式这几点。他预判了媒体会用什么样的视角来捕风捉影，以及在记者见面会后会用什么样的标题去报道的背景下，进行了演讲的情节编写。信息三角是沟通营销整体的骨架。

接下来就需要考虑用什么表情和肢体语言来讲述，将什么作为参考来展示（图片、视频等），然后将其实际总结到企划宣讲或者脚本中去。

在进行见面会时还有一些应该注意的事，但最重要的就是以突出自己的强项为目标，在自己的地盘上用心去讲述自己所相信的事情。

自己是谁？为什么而活？对于自己来说有价值的东西是什么？在自己离去时能带走的是什么？自己能给重要的人留下什么？在心里躁动不安时，反思这些问题，去冥想，去获得启示。然后遵从自己的灵感，全心全意地完成反思的事情，使启示得以实现。

不要只在新的一年开始时去左思右想，而必须在活着的每一个瞬间都要把握机会。

本章小结

　　为自己所参与的企划、提案、项目、工作赋予"意义"。思考如何使才能为别人所用？做出自己的"味道"，去贴近对所做的事"喜欢到不能自拔"的状态。

　　一个月一次，让思想在"人生最后一天"的问题上驰骋。

　　选择被认为"没有可能"的选项去践行。想象记者见面会或者在会议上宣讲的场景，制作信息三角（将论点总结为三条）。着眼不可能的事，在其中你会找到人生新的奋斗方向。

第 **10** 章

用有"勇气"的
选择来推动世界

⬚ 不要害怕意见相悖和反对

乔布斯是一个不好相处的领导者，这是因为他崇尚破坏性创新。他带领苹果和皮克斯实现了戏剧性的成功，从领导者角度，没有人可以否认他杰出的创新能力。

乔布斯是一个怎样的人？科特勒和乔布斯曾共事了26年，比任何人都了解乔布斯，他说许多作品里描写的那种古怪偏执的乔布斯和乔布斯本人的整体形象是完全背离的。他还说，乔布斯在离开这个世界前的20年里发生了很大的改变。

在重建皮克斯之后，乔布斯又使苹果从濒临倒闭成长为世界顶级的创新型企业，在忍受着可怕压力的同时，如果没有实现理想的强韧精神、信念和强迫观念，肯定无法做到这一切。乔布斯曾面对的那些局面，哪怕随便拿出一个来，用一部电影或者一本书都描写不完。

只把乔布斯古怪偏执的一面或者否定性的性格拿出

来滑稽可笑地描写的这些人，就和盲人摸象典故中的那几个盲人一样：就算这些人所截取的一部分都是真实的，但以点带面的话，得出的结论就与真实情况完全背离了。

领导者原本就是孤独的，他们必须要用有限的时间和信息，做出对世界产生影响的重大决定，进而生产最高水平的产品。正因如此，和谁组成搭档，打造什么样的团队，如何去引领他们，交给他们什么任务等，这些都需要着重考虑。我们该如何与作为我们上级的领导者相处也同样重要。大家都朝着同样的目标前进时，毫无疑问就可以用最大的冲击力来开展破坏性创新。

但是，在职场中和领导者意见不一致的情况也是十分常见的，那这时候该怎么处理比较妥当呢？这种方法不仅是和乔布斯，和其他的领导者一起工作时也可以使用。

首先，详细说明自己坚持的部分，进行反论。这样如果被驳倒，我们可以花一段时间考虑周全，然后再次讨论。如果这样还不能得到认可，那就抛出经过反复考虑后的提案。如果即使做到这一步还不能被领导接受，在毫不气馁的思考与讨论的过程中，事情会以三种方式中的一种得到解决：

◆ 如你所愿的回答，"好的，我知道了"。

◆ 上级如果是正确的，选择认同，自己让步。

◆ 确信自己是正确的，无论怎么说都得不出结论的时候，以自己最初的提案为准进行推进。

卡特姆说，即使他传递给乔布斯的想法与乔布斯的判断不同，乔布斯也会毫不挑剔地接受。

说到领导和下属的关系，其实有些复杂。在组织中如何坚持自己的信念？从我的经验来看，最有效的一个方法就是第 1 章里写过的"辞呈"。另一个方法就是知道自己是正确的但选择"让步"。当然前者不能频繁地使用，否则容易被彻底割舍。

▣ 坚持自我信念的有效策略

还有另一种坚持自己信念的有效策略。实际上，在商业中是没有"绝对正确"的（与伦理相关问题的另当别论）。从某个观点去看待事物，才能判断它是正确的还是错误的，基本上只有通过实践得出结果才能做出最终判断。也有起初被认为是不正确的事，但经过精炼被塑造成可行性很高的解决方案的例子，这可能是最有效果的坚持自我信念的途径了吧。

重复思考后整理出新的提案，然后在提出新提案时，将初始提案作为代替方案一并推出。这样一来，快的话在提案的第三个回合，慢的话在第六个回合领导者就会接受最初的方案。实际上，肯·西格尔在提案 iMac 的产品名称时，乔布斯曾因为对 iMac 这个名称不满意而将该方案退回了三次。

但是肯毫不气馁地将最初的名称与其他提案一起继续推荐，直到 iMac 的名称最终被采用。之后的事情就如大家所知，这个划时代的产品名称成为苹果命名体系的框架，iPod、iPhone、iPad 都是它的延续。

iMac 的名称，是肯通过坚持自己的强迫观念和信念得来的，但如他在自己的著作《简洁之美》中所写的，不知从什么时候开始它变成了乔布斯自己的考量。

这也许就是乔布斯将"好的艺术家会模仿，而优秀的艺术家会偷窃"付诸实践了吧，同样的情况我在其他作为破坏性创新者的领导的手下也经历过几次。即使最初的状况是领导者不认可（或者严厉批评）下属提出的方案，但在通过将深思熟虑后的提案进行白热化的讨论和碰撞的过程中，这个提案会在领导者的脑海中得到精炼，它的重要性也会越来越高。在最后的拍板环节，领导者的意识很容易发生转变，它会作为最好的方案得到升华（实际上和最初所提案的是同一个东西）——往往就是这样一个过程而已。

总之，和乔布斯的相处之道，就是在抱有强迫观念的同时，忍耐、坚持并且满怀希望。

创新和成功的尺度

使用"破坏性创新"这个词语，提倡破坏性创新理论的人是克雷顿·克里斯坦森教授，这是一个伟大的理论，它因为带来了巨大的影响力而被人们广泛关注。留下了如此辉煌功绩的克里斯坦森当初认为 iPhone 是无法取得成功的，最后他因为预测不准而受到了批评。正如第 4 章所述，后来克里斯坦森说，苹果是一家不寻常的公司，不可以用与其他企业相同的尺度去衡量。

在克里斯坦森的著作里，也写到了从理论上能够成功的企业为什么不能持续变革而以失败告终。说不定，喜欢读克里斯坦森作品的乔布斯从这个理论原则的逆推中，得到了实现创新的方法，进而组建出了最适合他的团队。

实际上，乔布斯和团队所制定的指标，与普通企业所设置的指标是不同的，目标也超越了短期财务衡量的尺度。

就如在第 4 章介绍的对克里斯坦森的采访中所说，乔布斯"消除了创新中的两难境地"。

商业中没有"正确答案"。选择、实施后的结果用哪个尺度来衡量？财务报表上的数值是一个企业成功的标杆，但这个数值是企业将选择决定后的战略落实到计划中，进行投资，活用公司内资源后作为结果而得出的。企业为了能够"做"出漂亮的财务报表，有意无意地会轻视本应作为结果达成的理想，进而离创业的初心越来越远的情况不胜枚举。使用和自己所走的路不同的地图（规范），是不可能到达目的地的。

我并不是说要无视财务报表中的数据。为了企业能够存续，从对于股东和投资人以及从业人员的义务上来说，提高收益是十分必要的。

这里作为问题讨论的要点是，很多获得成功的企业定错了目标，将公司本可实现的创新抛掷一边，结果就是把

（小小的）竞争当成破坏性创新，将商业交易（包括计划）全部推翻，对于大型企业来说这是十分致命的，因为前进的航向难以得到大幅度修正，只能眼睁睁看着商业巨轮撞向冰山而沉没。

另外克里斯坦森在 TED 大会[①]谈及"破坏性创新"理论的同时，也意味深长地谈到了关于衡量人生成功的尺度的话题。真正的成功，用资产和地位这种一般的尺度是无法衡量的。在他的谈话中，频繁使用了"Cause"这个单词。"Cause"的意思是引起某个事的"原因"，同时也作为"大义"和"理想"的释义来使用。

克里斯坦森通过自己的洞察指出，我们对于人生中取得成功的衡量尺度，与揭起大义之旗（该有的姿态）是相背离的。这与一个人就算处于组织阶层的上层地位，他也未必就是成功的，未必就过着幸福的人生是一个道理。在这里也不由得让人去思考只把事物的一面错当成整体而让人远离真理的可怕之处。

他关于衡量成功的尺度的洞察给予了驾驭创新的个人

---

① TED 大会：以"传播一切值得传播的创意"为宗旨的会议，众多科学、设计、文学、音乐等领域的杰出人物，会在这里分享他们关于技术、社会、人的思考和探索。

和企业以重要的启发，为"非同凡想"所歌颂的破坏性创新者带来了光明。

从《七武士》中学习最好的组织构建

我在思考那些发起真正变革的破坏性创新者的思想和行动，以及他们的团队构造和领导与伙伴间的关系性时，脑海里总是会浮现出《七武士》的画面。

《七武士》是黑泽明导演的 1954 年于日本上映的电影。另外，黑泽明是在"非同凡想"中登场的为数不多的日本"天才"之一。

为了不让大家误会，我这里补充一点。日本的武士多为男性，在《七武士》里，登场的虽然是"武士"，但是它所传达的内容，并非只适用于男性。事实上，苹果的全球市场营销团队中，一大半是女性。

而且"武士"也不限于男性。在日本历史上也留有很多女性武者的记录，在幕府末期也有像中泽琴这样的女性剑士的存在。为了会津藩持枪而战的新岛八重被称为幕末的贞德，她还被称为"女武士"（她也是同志社大学的创设者新岛襄的妻子，NHK 大河剧《八重樱》的主人公）。

《七武士》以日本战国时代末年的农村为背景，讲述了农民雇用七位"武士"击退那些反复掠夺民财的野武士团伙的故事。描写了七位武士的每一个人与同伴之间，以及农民与武士之间在冲突中逐渐建立牢固联盟的故事。

在故事中，每年被野武士袭击而疲惫不堪的农民下定决心与野武士战斗，但他们不知道该如何战斗，于是打算雇用武士。但是，愿意接受农民们少得可怜的米作为报酬去保护他们的武士很难找到。他们在一次骚动中，遇见了剑术高超、人格高尚的武士勘兵卫。在收到农民们寻求帮助的请求时，勘兵卫起初并不理会，但当他了解了农民们的艰辛之后，下定决心为他们战斗。

勘兵卫为了准备这次战斗需要聚集另外六位武士，在对得不到报酬也得不到名誉而愤然拒绝的大多数人中间，与勘兵卫的气魄产生了共鸣的六个人为打败野武士而集结了起来。

这七位武士不为金钱和名誉，而为了大义而集结。这些目标、性格、才能完全不同的人，在各自的领域发挥个性和能力而战斗。他们尊重作为领导者的勘兵卫，与他的志向和大义产生了共鸣。但他们不是因为勘兵卫的命令而行动的，唤起他们的是各自拥有的大义。

信任勘兵卫的经验和见识的武士们认可勘兵卫的战略，在他的指挥下进行作战。在战斗中，勘兵卫也信任每个武士的能力，以全部的信任将各个岗位委托给他们。这不是对阶层组织的权威和指示的服从，勘兵卫通过让他们各自的能力得到最大限度的发挥，使他们互相抱有信任感地合作互补，引导着这个团队实现最强大的突破性创新。

勘兵卫与乔布斯的性格或者领导形象有很大的不同，团队在坚持大义的领导者旗下集结，比起眼前的利益，各自为了大义而倾注自己的全部精力这一点上，他们二者是相通的，为我们展现出了破坏性创新者的思考方式。

从乔布斯的团队和《七武士》中可以看到另一个共通点是，各个成员在自己的领域以具有大局观的见地做出判断和决定而成为最好的自己。他们的行为，用普适性的指标和尺度是无法衡量的。

他们的目标在于"将冲击力最大化"，这个尺度也是交由各个成员通过能力、创造性及感性来判断的。虽然会有牺牲，但最终达成的成果绝对会超过大家的期待。

　　在有着强有力的领导者和个性丰富的伙伴的团队中，要选择自己作为一个什么样的角色加入其中，思考如何支持和体现领导者及伙伴所拥有的强项。然后保证各种个性作为各自的"肢体"发挥机能的同时，相互补充，使得团队作为一个整体完美运作。

　　大义唤醒人们的事例并非苹果所独有，在其他企业中也可以看到。在我曾工作过的企业中，我也体会到了同样的团队存在方式以及每一个人作为"个体"具有的使命感和意识是与破坏性创新紧密相连的。

破坏性创新从个人开始

　　破坏性创新不是由某个人的命令或者指示开始的。前面我写了推动破坏性创新的原动力是强迫观念，但它本身并不是其他人给予的。它从你自身而来，产生力量，再去影响其他人然后得到扩展与壮大。我们必须要自己做出选择，从中找到实现的意义，去相信并将其作为自己的大义。能改变世界创造奇迹的人，正是那些相信自己的人。

　　相信意味着选择。不在平坦的路上放任自流，拿出勇气，去相信自己可以找出其意义的真理，选择的道路哪怕充满艰辛，我们在前进的路上也会不断改变，进而开辟出破坏性创新的新纪元。

刊载在杂志和报纸上的"非同凡想"和"给疯狂的人们"的品牌广告，比起电视广告的解说来，对人性的挖掘更加深刻。它中间插入了人类拥有的创造力是如何改变世界的具体描写，展现了创新是如何治愈人心的，看到就让人充满斗志，充满力量，不断前行。

"Think different（非同凡想）"直译的话是"改变想象"，但实际上它的意义在于推动人们做出有勇气的选择，它想转变的并不只是想象。

用不同的视角审视问题，找到其意义，在心中描绘出不拘泥于固有框架的想法，选择从安逸的空间中踏出脚步，勇敢面对拦在前方的障碍，将想法付诸实践。这些都属于"非同凡想"的范畴。

这里要提一下的是，广告中"他们推动人类向前迈进"这句话是乔布斯自己补充的。

如果以破坏性创新者的思考方式来理解的话，在"非同凡想"的范畴里，还应该加上把想法付诸实践的部分，以及在未能实现的情况下要将这个阶段重新来过的循环。这是因为变革是不会以单一的形态完结的。我们要在整个职业生涯中，不断以"非同凡想"的思想来进行变革。

这样考虑的话可能会有压力。但是仔细想一下，我们其实每天都在进行着小小的破坏性创新。这是因为在日常生活中，我们要做出各种选择，同时也会做出很多决断。

据英国剑桥大学的巴巴拉·沙加金昂教授的 *Bad Moves*（暂译《坏动作》）所统计，人从早上起床到晚上睡觉，每天要进行 3.5 万次的选择和决断，这其中大多是作为习惯而无意识进行的。而且这并不是单指人的行为，焦急、不安、悲伤、愤怒、失望、希望、喜悦、幸福等自我情感的变动也是选择的对象。另外，在超出感觉和情感之外，倾听耳朵听不到的心灵的呢喃，安静地去接受灵感的降临也是一种小小的选择。

这种每天做出的一个个的选择组成了我们的人生，指引着前进的方向。我们人生的最终走向，正是由我们生活中的这种"小小的选择"来决定的。

乔布斯向我们展示了他对自我的选择也能改变世界，实现在宇宙中留下痕迹的破坏性创新。

▣ 连接点和点的选择次序

乔布斯在斯坦福大学的演讲中，谈到了他在上学时学过的英文书法课程，讲了关于"连接点与点"的话题。

在这门大多数学生都不关注的课程中，乔布斯学到了从字体与文字的组合以及字与字的空间中创造出的美。他做出的选择所产生的这个"点"，为之后在 Macintosh 中实际安装的字体技术奠定了基础。

这样的"点"再与其他的"点"相连，使得相连的"点"不断增多，进而与能够在宇宙留下痕迹的破坏性创新逐渐连接起来。

我们用做出的选择，将人生中产生或者遭遇到的点和点连接起来。李·克劳在会议中介绍的看了"非同凡想"的电视广告之后发来邮件的那个男孩儿，虽然被周围的人排挤，但他选择了不为此而哀伤，决心奋勇前进。他正是将电视广告的"点"和自己坚强生活的人生的"点"连接了起来。

如果回顾我们的人生，留下了很多"当时那样做就好了""当时应该这样做"的烦恼，那么在面向未来不断前行的过程中，是把这样的经历当作"失败"放下？还是将这个经历从记忆中抹除？又或者说，去接受这些当时的经历都是与现在的自己（以及未来的自己）相关联的学习机会？将事物归结为"失败"还是作为"成功前的某个阶段"来看待？我们对于过去发生的事情也可以做出选择。

乔布斯在演讲中谈到，他一生中最痛苦的事就是"被自己所创设的苹果所解雇"。他是被自己从百事公司挖来的约翰·斯卡利和苹果董事会联合驱逐出去的。

但是，乔布斯说这件事最后成了他人生的最好的事情。正是因为这件事，让他重新审视了自我，从零开始创立了NeXT，使皮克斯获得成功，之后回到苹果使之从濒临破产的状态走向重生，将它重新树立成能改变世界的顶级品牌，并且实现了众多的颠覆式创新。乔布斯完美地将过去悲剧的点，与成长和成功的点连接了起来。

他还这样说道：

我们是无法提前看透未来而将点与点连接起来的。我们能做到的，只是回过头来再把它们关联起来。所以，要相信所有的点最后肯定会在某个地方相连。直觉、命运、人生……无论什么都可以，要去相信。如果相信未来的点能互相连接，就能拥有遵从自己心灵的自信。即使走过来十分艰辛，但不要为自己选择的道路而后悔，这会让我们有所不同。

将点连接起来时，所连接的每一个点都有它自己的意义，并产生它独特的价值。

成功的点自不必说，即使是自己认为失败的点，我们也要知道，根据连接方式的不同，它可以成为之后成功的重要基础。

自己想封印起来的点，通过连接也许可以找到新的意义。另外，如何去连接自己现在所遭遇的点？这些都是我们要做出的选择。

我从苹果所学到的东西在我的人生里产生了很大的破坏性创新。它为我之后的人生舞台的前进道路带来了自信和力量。当然，随着环境的改变，也会有不尽人意的时候，也失败过很多次。但只要我们活着，所有的事都不会一帆风顺，我们也不会变得十全十美。在我们可以操控的范畴外的事，我们或许就只能袖手旁观了。

那么，我们到底能做什么呢？

成为最好的自己！换句话说，执着于自己抱有强迫观念的东西，一开始先从可以做到的事进行破坏性创新，这样就可以在自己的领域中创造出最高水平的产品。以此为方向，一步步向前迈进。

我们没有必要跑步前进。只要能够驾驭"智能自行车"，就能做到自己能力之上的事。但最重要的是，要朝着正确的方向前进。必须要在每一步做到尽量完美。

我们不应该将破坏性创新本身作为目的，它是我们在使自己的领域达到最高境界时所带来的结果，是提升自己的副产物。

这与自己不完美、有弱点、有障碍挡住进步之路、没有自信都没有关系。首先必须要拿出勇气做出选择，让自己不断前行。

破坏性创新，首先是从如何连接我们周围的一个个点这种小小的选择开始的。

本章小结

"已经没法干了！"当对自己的领导或者伙伴有这种感觉时，去彻底地发掘领导和伙伴的强项与才能，努力支持他们。

去思考为了实现变革，自己该如何"活用"领导和伙伴。该如何使用自己的才华和技能去支持他们，与他们互补。这样才可以看到破坏性创新的脉络。

深思熟虑后再进行提案。如果自己倾注了心血的提案被否决，就将提案重新提炼。如果再次被否决，就返回原点，把最初的提案附带着提上去，往往推进到第三回合就会被认可了。如果仍然被否决，那就果断放弃，提出其他的可行性想法。

觉得"办不到"的时候深呼吸。自己在思考办不到的理由时，转换心情。心里觉得"真麻烦"的时候，可以点燃一个小的破坏性创新的火苗，思考如何能够有趣地将其实现。

开展新项目时，认定"这就是破坏性创新"。要以一种实现"最高水平的产品"的气概，去按下破坏性创新的启动按钮。

结　语
SUMMARY

在这个破坏性创新的时代，信息泛滥，世界变得更加复杂，要去梳理该以什么为目标也变得不那么简单。也许我们能做的事情是有限的，但有些事却是别人不能替代你完成的，那就是成为"最好的自己"。

如果本书能为你带来哪怕是米粒大小的启示，笔者就十分心满意足了。

日本经济在20世纪90年代泡沫经济破碎后经历了"失去的20年"，随后在经过了被称为"失去的30年"的"平成"时代之后，于2020年迎来了"令和"时代。

第二次世界大战后的日本经济取得了飞跃式的增长，实现了众多的变革而改变了世界。但这样的日本到了今天，在"全球创新指数"中的排名却逐年下降，让人觉得曾经的创新大国失去了昔日的光辉，这令人十分遗憾。

但是，日本为世界带来的文化性的和精神性的影响如今依然在持续扩大，以寿司、拉面等为代表的日本饮食文化，以及包括动画、漫画、游戏在内的流行文化的影响之大也令人瞩目。

本书中多次提到的电影《七武士》自上映以来，给全世界诸多的电影导演带来了很大的影响，在许多优秀电影排行榜中名列前茅，至今依然光彩夺目的存在感让人感慨颇深。

电影研究者表示，这部电影表现出的由七位武士组成的团队中，人的价值观的重要性引人注目，只有在历史剧中才能表现出来的利他性人物形象，超越了语言和文化的差异而与全世界的观众产生了共鸣。

世界上有很多人喜欢日本茶道、日本花艺和和服，可以看到很多外国人比日本人对日本的精神文化抱有更加强烈的执着追求。

热衷于了解日本文化，为了加深理解而去学习日语的外国人在以惊人的速度增加。日本在商业领域之外也被人们所热爱，在世界范围已经成为众多革新的原动力，同时也是强迫观念的代表。

如今，东京外的日本其他地区也迎来了突出各自强项的大好时机。

日本文化厅计划从东京迁到京都，这将带来巨大的文化转移情况，十分令人期待。我也因为某些缘分从东京移居到京都，虽然只是一个新加入者，但我想以此为契机为把京都推向全世界而做出一些贡献。

我的祖先在 17 世纪初从中国来到了日本，他们应该也曾踏入过京都。他们应该感受过京都的文化与艺术，以及感性和执着坚持的方法，这些经过长年累月的升华提炼而被全世界所尊重和喜爱。

我的祖先代代都在鹿儿岛县阿久根市继承"河南源兵卫"之名经营海运，为萨摩藩的财富积累以及阿久根的文化传播做出了卓越的贡献（我长大的家里有每一代都使用的仓库，但在我出生的时候留下来的只有空空的仓库了）。

我的另一位祖先"丹宗庄右卫门"在幕府末期，与他的义兄河南源兵卫一起从事作为萨摩藩重要财源的走私贸易而被幕府发难，在被发配至江户的 15 年间，一直在八丈岛生活，他将从萨摩带来的土豆烧酒的做法传授给了岛民而受到大家的感谢，这些都留有历史记录。我作为他们的后代，决心好好学习祖先留下的对于文化的贡献和分享精神。

乔布斯通过将科技、人文社会与自然科学相融合，不断进行着破坏性创新。

如大家所知，乔布斯喜爱日本的文化与艺术，一直抱有自己的强迫观念。他多次带家人来京都游玩，追求过日式的禅心世界。在苹果的破坏性创新中，日本的文化和感性通过乔布斯得到了发扬。

我在破坏性创新中，得到了与很多盟友同甘共苦的机会。在这个过程中，我也曾有过失去志气而作罢的时候，但很多人用不后退的决心给予我支持。通过这些经历，我收获了许多宝贵的友谊，这是我人生中不可替代的财富。

优秀的领导者抱有理想和信念，为我们指出前行的目标和方向，每个人将在自己领域中进行的破坏性创新的点与点连接起来，共同参与到改变世界的变革中，这会成为自信的根基。

在《七武士》登场的人物里有一个不爱说话的剑豪叫作久藏，电影里有一幕他从盗贼那里夺枪返回村里的场景。

看到久藏并不炫耀只是安静地回到自己的位置时，年轻的武士胜四郎称赞说："您真了不起，您才是真正的武士！"

我也想对曾一起工作的人说："您才是真正的武士！"

当然这里的武士既指男性，也指女性。

得益于与史蒂夫·乔布斯、原田泳幸和萨拉·卡萨诺瓦的缘分，我成为苹果和日本麦当劳从困难中得到重生的团队成员。

我经常思考在那种状况下自己起到了什么作用。

在想到《七武士》时，我有时会想成为领导者的勘兵卫，有时想成为剑客久藏，但在七人当中与我的个人形象最贴合的，是林田平八。

平八是在因为付不起茶钱而在屋子后面劈柴的时候与片山五郎兵卫遇见的。

平八介绍自己的剑法是"劈柴流"，他被五郎兵卫所发掘并拉入七位武士的队伍中。

作为团队领导者勘兵卫参谋的五郎兵卫，在向勘兵卫报告新加入成员的场景中，是这样评价平八的："实力属于中下水平，但是个正直有趣的人。和他说话心情可以释然，艰难时可重用。"

我在一个严峻的节点上进入了这个商界战场，坚信点和点能够连接，用我自己的方式以一种不后退的决心去面对工作。而后周围的每一个人的气概和才能得到了统合和相互补充，这种力量产生了巨大的协同作用，到当时为止的每一个点最后都紧密相连，实现了巨大的破坏性创新。

这些虽然是因为有好的领导者的存在才成为可能，但追溯根源我们可知，这是由于在每个人擅长的领域中，被强迫观念和感性所支撑的破坏性创新的选择得到了相互连接才得以实现的。

这一切都是从你小小的破坏性创新开始的。

我希望大家能稳住心绪打磨灵感，学会接受启示，为自己周围的事务赋予意义，将各个点相接连的同时去按下变革运动的启动按钮。

通过本书的书写，我又回忆起了在苹果学到的知识、经验以及遇到的人，也成为回顾我自己人生轨迹的一个机会。

本书的内容基本上都来源于在苹果共事人们的共同经历和期间获得的灵感，正是和这些出色的人们一起相处才诞生了这本书，我在此向他们表示感谢。

我想借此向曾经共同工作的同事表达我的谢意。

感谢史蒂夫·乔布斯、全球市场营传的艾伦·奥利沃、史蒂夫·威尔海特、凯蒂·克顿以及其他全球市场营传团队的成员，Chiat/Day 的李·克劳和公司的其他员工们，CKS 的李斯·艾伦，广告活动总监斯戴夫·亚当斯。

感谢在苹果和日本麦当劳以及之后的日子里，给予我超过了 20 年的各种指导的原田泳幸先生。

感谢包括日本的市场营传团队、广告代理店 TBWA 日本和宣传代理店卫斯理在内的曾一起工作、支持过我的团队伙伴们。

虽然不能列举每一个人的名字，在此还是要感谢在苹果、Skylark、日本麦当劳时无论是顺境还是逆境都推动变革给予我支持的朋友们。是你们将我人生的每一个点连接了起来，使我的人生变得丰富且充实，我向你们表示衷心的感谢。

Chiat/Day 前创意总监，如今依然是我的好友的肯·西格尔，对于本书的发行给予了珍贵的建议，在此一并表示感谢。

我与日本同志社大学研究生学院商业研究系的饭冢麻利老师和藤原浩一老师的交情已超过 10 年，从 2019 年开始又在同志社近距离听取他们的建议。

学生时代的好友、让我与日本同志社大学结缘的东谷典尚先生在我执笔本书时给予我积极鼓励。

　　以此缘分为契机，2012 年肯·西格尔在同志社的演讲以及安排京都探访时，受到了林麻矢先生很多的关照。在我搬到京都之后，他给了我很多积极建议，并且还鼓励我去挑战本书的写作，非常感谢。

　　还有在苹果工作时共同开展破坏性创新的团队伙伴、曾一起工作的月野木麻里女士。她曾在原 TBWA（日本）负责战略和规划，如今作为东急代理店的执行董事市场创新中心部长引领着破坏性创新。

　　即便团队里的伙伴都离开了苹果，但她还是会找机会将旧苹果广告团队的成员集合起来，每次见面都能得到真正的灵感和着手执笔的鼓励。为了配合我这次移至同志社，她又为我设立了本书的写作项目并为出版打通了渠道。如果没有月野木女士的诚挚鼓励，就不会有本书的存在，我发自内心向她表示感谢。

　　在本书出版前，角川书店的伊藤直树先生在我写作快要泄气的时候鼓舞了我，并指导我完成了本书的写作。

　　另外我还得到了图书撰稿人乡和贵先生的指导，他审阅了本书的原稿，在此表示深深的感谢。

　　我想向我的妻子富智子一并表示感谢，是她的支持鼓励了不按常理做出选择的我，让我能怀着信念和信心在破坏性创新的道路上奋勇前进。

另外，我还要向我的 4 个孩子——千惠、真吾、千寻和花奈表示感谢，在我没有足够时间陪伴家人的时候，他们一直在背后默默支持我。

最后要感谢在 2019 年 1 月时因天妒英才而离我们而去的青年才俊"Pole"北林秀生先生。我还在苹果工作时，他作为应届毕业生进入公司，在我的部门负责广告和市场工作。在美国圣莫尼卡参加 Chiat/Day 会议时，我们曾一起到过附近的教会，他在那里和我探讨过人生。在接触他与生俱来的善良和诚实时，无论是谁都会得到心灵的治愈，也会获得重振精神继续前进的力量。哪怕在离开苹果之后，他也会作为朋友为我提供源源不断的灵感，现在亦如是。

我想将感谢的心意和这本书一起，送给将"非同凡想"付诸实践、为我展示了"改变世界"最标准姿态的 Pole。

谢谢。

河南顺一